Mis primeros conocimientos

ATLAS

MEL PICKERING

CWN ™

PRINCETON ■ LONDON

Publicado en Estados Unidos
por Two-Can Publishing LLC
234 Nassau Street
Princeton
NJ 08542

www.two-canpublishing.com

© 2001, 1996 Two-Can Publishing

Para más información sobre libros y multimedia de Two-Can,
llame al teléfono 1-609-921-6700, fax 1-609-921-3349,
o consulte nuestro sitio Web http://www.two-canpublishing.com

Texto Andrew Solway
Asesor Steve Watts
Ilustraciones Mel Pickering, Jacqueline Land
Editores Deborah Kespert, Kate Asser
Apoyo editorial Claire Llewellyn, Julia Hillyard, Claire Yude
Dirección artística Belinda Webster
Diseño Helen Holmes

'Two-Can' es una marca registrada de Two-Can Publishing.
Two-Can Publishing es una división de Zenith Entertainment plc,
43-45 Dorset Street, London W1H 4AB

ISBN: 1-58728-661-0

Impreso en Hong Kong

1 2 3 4 5 6 7 8 9 10 03 02 01

Contenido

¿Qué es un atlas?   4

Calor y frío   6

Acerca de este atlas   8

Mapamundi   10

El Ártico   12

La Antártida   13

Canadá   14

Estados Unidos   16

México, América Central
    y el Caribe   18

Sudamérica   20

Norte de Europa   22

Sur de Europa   24

Rusia y sus vecinos   26

Suroeste asiático   28

Norte de África   30

Sur de África   32

Sur de Asia   34

Este de Asia   36

Sureste asiático   38

Australia, Nueva Zelanda
    y las Islas del Pacífico   40

Asombroso   42

Índice toponímico   43

¿Qué es un atlas?

Un atlas es un libro de mapas que te enseña diferentes partes del mundo. Los mapas son dibujos de grandes lugares hechos a escala. Te muestran lugares tan pequeños como un pueblo o tan grandes como el mundo. Puedes utilizar los atlas y mapas de muchas maneras. Te enseñan cómo orientarte y te dicen cómo es un lugar.

1 Uno de los mapas más difíciles de dibujar es el del mundo. Esto se debe a que el mundo es redondo como una gran pelota, pero los mapas son planos. Imagina que pintas el mundo sobre la cáscara de una naranja.

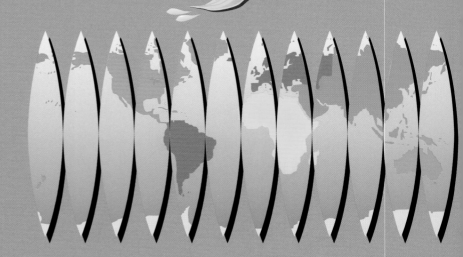

2 Podrías pelar con cuidado la cáscara en segmentos

3 Después podrías extenderla sobre algo plano para hacer un mapa del mundo.

OCÉANO ÁRTICO

Círculo Polar Ártico

EUROPA

ASIA

OCÉANO PACÍFICO

NORTE-AMÉRICA

OCÉANO ATLÁNTICO

ÁFRICA

Ecuador

SUDAMÉRICA

OCÉANO ÍNDICO

AUSTRALIA

Círculo Polar Antártico

ANTÁRTIDA

4 Los cartógrafos rellenan los huecos extendiendo algunas partes del mapa y comprimiendo otras. En este mapa puedes observar que más de la mitad de la Tierra está cubierta por cuatro grandes océanos. El resto se divide en siete grandes zonas de superficie terrestre llamadas continentes. Hay además tres líneas imaginarias en el mapa. El Ecuador rodea a la Tierra por la mitad, el Círculo Polar Ártico –en la parte superior– y el Antártico –en la inferior.

Diferentes tipos de mapas muestran distintos detalles, pero en todos aparecen los lugares más pequeños de lo que realmente son.

1 Este es un dibujo de una casa en la esquina de la Calle del Parque, la cual pertenece a un pueblo costero. Se puede ver la esquina que rodea la casa, el árbol y un poco de la calle, pero no se puede ver el pueblo entero, ya que el dibujo no es suficientemente grande para mostrar todos los detalles.

2 En este mapa aparece la Calle del Parque como si hubiera sido dibujada desde arriba. Muestra menos detalles que el dibujo anterior, pero vemos un área mayor. ¿Puedes encontrar la casa de la esquina? En este mapa la Calle del Parque mide 10 cm pero en realidad tiene 1 km de largo. Esto significa que 10 cm en el mapa equivalen a 1 km real. A esto se le llama escala.

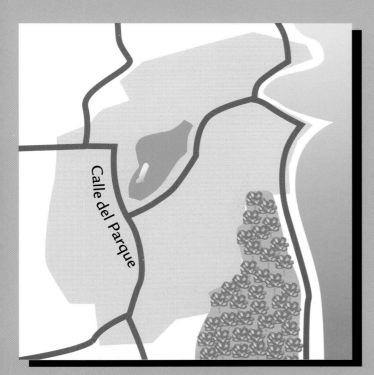

Calle del Parque

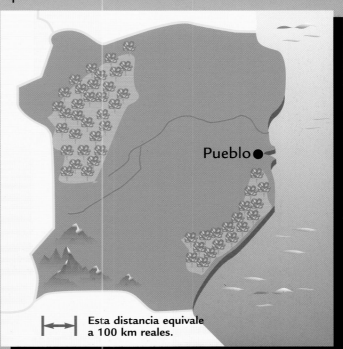

Pueblo ●

Esta distancia equivale a 100 km reales.

3 En este mapa se ve un área mayor que en el mapa anterior, ya que está hecho a escala más pequeña. Nos muestra el pueblo entero. No se pueden ver las casas ni todas las calles, pero sí se ve la Calle del Parque. En este mapa la Calle del Parque mide 5 cm. Esto significa que 5 cm en el mapa equivalen a 1 km.

4 En este mapa se ve el país donde se halla el pueblo. Ahora el pueblo es sólo un punto negro. La barra de la escala nos dice que 1 cm en el mapa equivale a 100 km reales. En este atlas cada mapa tiene una escala diferente. En las páginas 10 y 11 se pueden ver todos los países del mundo a la misma escala.

Calor y frío

En el mundo hay diferentes tipos de climas. El clima de un país depende del lugar del mundo en el que se halle. Cerca del Ecuador hace siempre calor y cerca de los Polos Norte y Sur hace siempre frío. En todos los mapas de este atlas encontrarás un dibujo localizador que te dice dónde se sitúan los países y continentes en el mundo. El dibujo tiene 4 flechas que te indican el norte, sur, este y oeste.

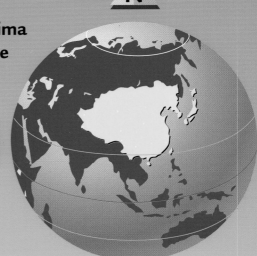

El Sol calienta toda la Tierra, pero brilla más intensamente en unos países que en otros. Estos países tienen un clima más cálido. El clima también varía según la estación del año: primavera, verano, otoño o invierno.

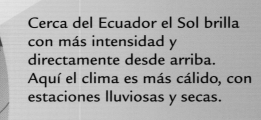

En los Polos Norte y Sur el Sol nunca está alto en el cielo y brilla débilmente, por eso siempre hace frío, especialmente en invierno.

Cerca del Ecuador el Sol brilla con más intensidad y directamente desde arriba. Aquí el clima es más cálido, con estaciones lluviosas y secas.

Por encima y por debajo del Ecuador hay dos líneas imaginarias llamadas Trópico de Cáncer y Trópico de Capricornio. Los países situados entre esas líneas y los Polos tienen veranos templados e inviernos fríos.

A cada clima se adapta un particular tipo de plantas, animales y personas. Si un lugar tiene un clima lluvioso, crecen muchas plantas, pero si el lugar tiene un clima seco sólo crecen algunas plantas.

En el mapa inferior y en los mapas de este atlas se representan los diferentes tipos de vegetación con pequeños dibujos llamados símbolos y con colores. Estas fotos te enseñan cómo son estos tipos de vegetación.

Normalmente los Polos están congelados. En verano sólo unas cuantas plantas crecen en el Ártico.

Los bosques de hoja caduca crecen en áreas frías. Los árboles pierden sus hojas en otoño.

Los bosques de hoja perenne están verdes todo el año. Estos bosques crecen en lugares fríos.

Las praderas incluyen la sabana tropical (ver foto), tierras de cultivo y extensas llanuras llamadas pampas.

Únicamente los animales y las plantas más resistentes pueden sobrevivir en los desiertos.

Las frondosas y verdes selvas tropicales se encuentran donde el clima es cálido y húmedo todo el año.

En las montañas rocosas crecen pocas plantas, ya que suelen estar cubiertas de nieve.

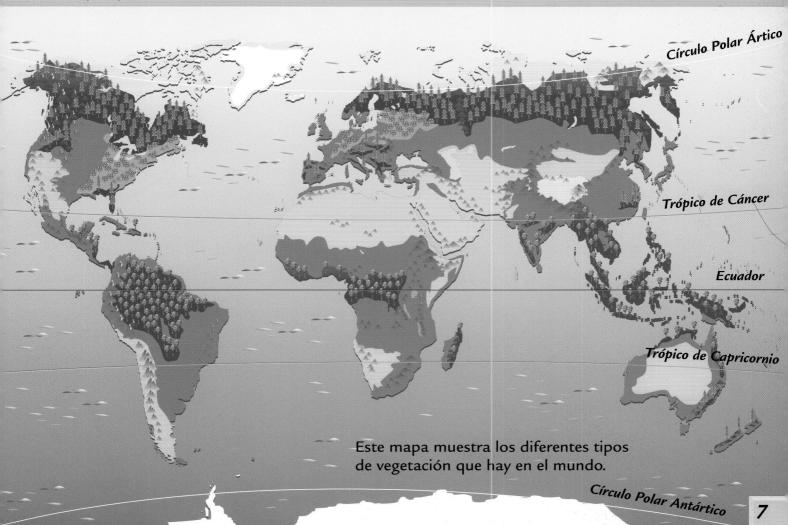

Círculo Polar Ártico

Trópico de Cáncer

Ecuador

Trópico de Capricornio

Este mapa muestra los diferentes tipos de vegetación que hay en el mundo.

Círculo Polar Antártico

Acerca de este atlas

Los mapas de este atlas te dicen muchas cosas sobre los lugares que aparecen en él. Mira atentamente los dibujos para averiguar más cosas.

Hay diferentes tipos de cultivos en todo el mundo. Busca en los mapas trigo, maíz, arroz, frutas, hortalizas, café, té y caña de azúcar.

Las capitales de cada país están indicadas con la bandera del país y una estrella.

En los mapas también aparecen edificios, como monumentos famosos, ruinas de edificaciones antiguas o tipos de viviendas.

La frontera del país está marcada con una línea gris. Cuando los países están en conflicto por sus fronteras o no están seguros de cuál es, esta línea es de puntos.

Este dibujo indica el lugar, en la tierra o en el mar, donde se perfora para sacar petróleo, el cual se usa para producir energía.

Los ríos están marcados con líneas azules. El nombre está escrito a lo largo de estas líneas. Un río puede atravesar varios países.

Diferentes tipos de animales viven en distintas zonas del mundo. Busca animales que vivan en el mar, en la tierra o en el aire.

Gramma loreto

Este dibujo indica donde hay minas. De las minas se extraen diamantes, carbón, plata, piedras preciosas, oro, cobre, estaño o hierro.

Petróleo

VENEZUELA

Arroz

Arroz

Cayena

Georgetown
GUYANA

Paramaribo

SURINÁM

GUYANA FRANCESA (Francia)

Diamantes

Oro

Ecuador

Diferentes tipos de personas viven en el mundo. Busca gente que esté practicando un deporte o bailando una danza tradicional.

Cataratas del Ángel

Oro

Cocodrilo

Oro

Barcos de carga

Boa esmeralda

Canoas

Piraña

Tabaco

Caña de azúcar

Algodón

B R A S I L

Río Amazonas

Petróleo

Tucán

Recife

Palafito

Diamantes

Oro

Pájaro paraguas

Perezoso

Tala de la selva

Petróleo

Camarón

Jaguar

Murciélago vampiro

Maíz

Hierro

Algodón

Caña de azúcar

Oro

Brasilia

Langosta

BOLIVIA

Petróleo

Oro

Arroz

Naranjas

Turismo

La Paz

Algodón

Gas

Trigo

Algodón

Hierro

CORDILLERA DE LOS ANDES

Papas

Ganadería

Carnaval

Río San Francisco

Sobre los datos

En cada página encontrarás datos e información sobre los lugares que aparecen en el mapa. Así, averiguarás cosas sobre un animal o planta que vive en determinada zona del mundo. Mira el dibujo que corresponde a cada dato y después localízalo en el mapa. Estos datos pertenecen al mapa de Sudamérica de la página anterior. ¿Puedes localizar todos estos dibujos en ese mapa?

En la página 42 encontrarás una sección llamada Asombroso, que contiene muchos datos sobre los diferentes países del mundo.

Datos

 En Sudamérica habita casi un cuarto de todas las especies de animales conocidas y alrededor de 2,500 clases de árboles diferentes.

La cordillera más larga del mundo es la de los Andes, en Sudamérica.

 La mitad de la población de Sudamérica vive en Brasil.

EXPLORADOR

Cada mapa tiene un fondo cuadriculado que lo divide. Las columnas van de arriba a abajo y tienen letras. Las filas van de izquierda a derecha y tienen números. Así, cada cuadrito tiene un nombre o coordenada formado por una letra y un número.

El Explorador contiene preguntas sobre lugares en el mapa. Podrás encontrar las respuestas buscando en el mapa las coordenadas indicadas.

Aquí tienes una pregunta sobre el mapa de Sudamérica.

► ¿Cómo se llama la catarata más alta del mundo? (Ver coordenadas E4.)

Para encontrar la coordenada E4, coloca una regla al lado de la columna E y pon tu dedo en la fila 4. Mueve el dedo en línea recta hasta la regla y ahí está la coordenada E4.

En E4 encontrarás las Cataratas del Ángel, que están en Venezuela.

▼ Esta niña está contestando una pregunta del Explorador. Utiliza una regla y el dedo para encontrar las coordenadas correctas.

Mapamundi

ALASKA (EEUU)

CANADÁ

GROENLANDIA
(Dinamarca)

OCÉANO
ÁRTICO

FINLANDIA   NORUE

ISLANDIA

HOLANDA

SUECIA

ESTONIA

LETONIA

GRAN
BRETAÑA

REPÚBLICA
DE IRLANDA

BÉLGICA

Estos países
de Europa
se muestran
con detalle
en el círculo
de la
página 11.

FRANCIA

ANDORRA

ESPAÑA

PORTUGAL

ISLAS
BALEARES
(España)

MALTA

OCÉANO
ATLÁNTICO

AZORES
(Portugal)

ISLAS
MADEIRA
(Portugal)

TÚNEZ

CRE
(Gre

MARRUECOS

ESTADOS UNIDOS
DE AMÉRICA

ISLAS
CANARIAS
(España)

ARGELIA

LIBIA

BERMUDAS (GB)

MÉXICO

BAHAMAS

REPÚBLICA DOMINICANA
PUERTO RICO (EEUU)
ISLAS VÍRGENES (EEUU Y GB)
ANGUILLA (GB)
SAN CRISTÓBAL Y NEVIS
ANTIGUA Y BARBUDA
GUADALUPE (Francia)
DOMINICA
MARTINICA (Francia)
SANTA LUCÍA
BARBADOS
GRANADA
TRINIDAD Y TOBAGO

SAHARA
OCCIDENTAL

ISLAS
CABO
VERDE

MAURITANIA

MALI

NÍGER

BELICE

CUBA

JAMAICA

HAITÍ

GAMBIA

SENEGAL

CHAD

GUATEMALA

HONDURAS

GUINEA-
BISSAU

GUINEA

BURKINA
FASO

NIGERIA

REPÚBLI
CENTRO
AFRICAN

EL SALVADOR

NICARAGUA

SAN VICENTE Y
LAS GRANADINAS

MONTSERRAT (GB)

SIERRA
LEONA

COSTA
DE
MARFIL

GHANA

BENIN

TOGO

COSTA RICA

VENEZUELA

GUYANA

LIBERIA

CAMERÚN

PANAMÁ

SURINAM

SANTO TOMÉ Y PRÍNCIPE

GABÓN

ZA

ISLAS
GALÁPAGOS
(Ecuador)

COLOMBIA

GUYANA
FRANCESA
(Francia)

GUINEA
ECUATORIAL

CONGO

ECUADOR

PERÚ

BRASIL

CABINDA
(Angola)

ANGOLA

ZAM

OCÉANO
PACÍFICO

NAMIBIA

BOLIVIA

BOTSWANA

PARAGUAY

OCÉANO
ATLÁNTICO

REPÚBLICA DE
SUDÁFRICA

CHILE

URUGUAY

LESOTH

ARGENTINA

El mundo está dividido en
casi 200 países. Este mapa
nos muestra casi todos.
Están iluminados con
diferentes colores para que
los puedas distinguir mejor.
Algunos países poseen
territorios en otras zonas del
mundo; en este atlas estos
sitios se reconocen porque
además de su nombre tienen entre
paréntesis las iniciales del país al que
pertenecen.

ISLAS
MALVINAS
(GB)

ISLAS
GEORGIAS
DEL SUR
(GB)

ANTÁRTIDA

En esta parte de Europa hay
muchos países. En el círculo están
dibujados a una escala mayor
para que los puedas ver.

El Ártico

El Ártico es la parte del mundo que está más cerca del Polo Norte. Alrededor, el Océano Ártico está congelado casi todo el año, aunque en verano el hielo y la nieve se derriten. En invierno apenas brilla el Sol, por lo que el Ártico es muy frío. Casi no crece vegetación, excepto pequeñas plantas como líquenes y musgos.

EXPLORADOR

▶ ¿Cuál es el animal que pesa más que nueve hombres y vive en el hielo flotante? (Ver coordenadas F8.)

▶ ¿Cúal es el pájaro que viaja más en el mundo? Cada año vuela más de 13,000 km desde el Polo Norte hasta el Polo Sur. (Ver coordenadas F7.)

▶ ¿Qué utilizan los habitantes del Ártico para desplazarse? (Ver E8.)

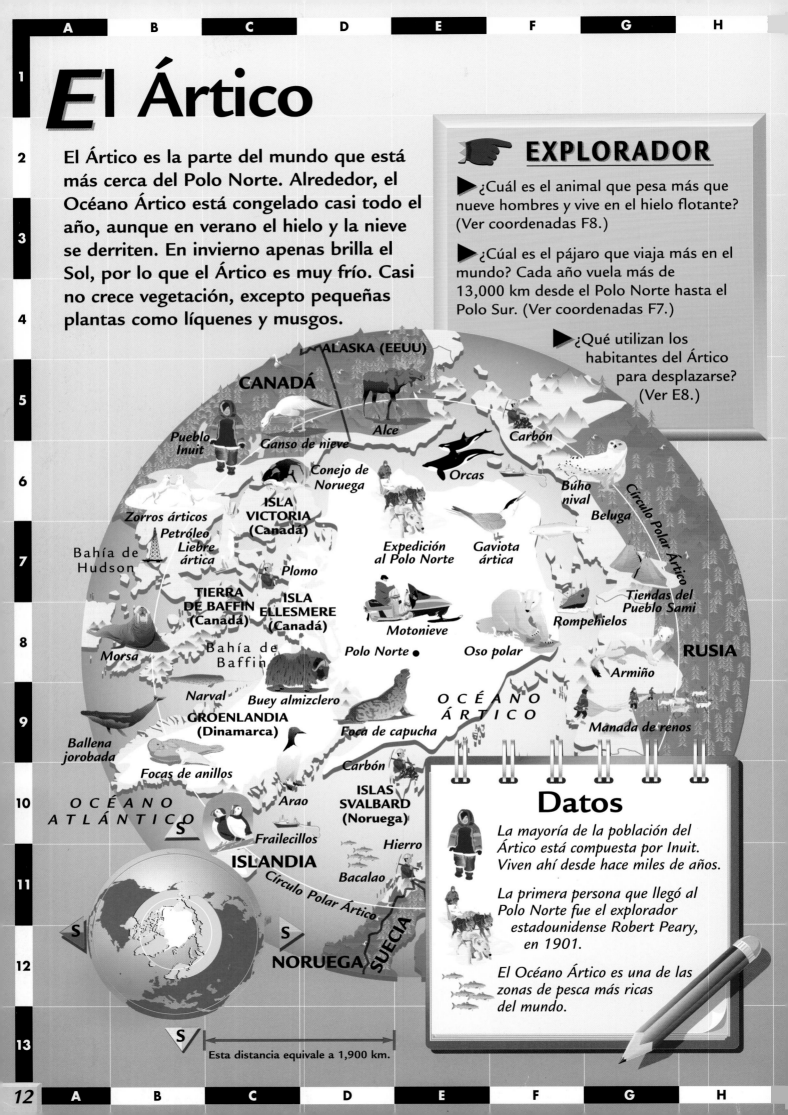

ALASKA (EEUU)

CANADÁ

Pueblo Inuit

Ganso de nieve

Alce

Carbón

Orcas

Conejo de Noruega

ISLA VICTORIA (Canadá)

Búho nival

Beluga

Círculo Polar Ártico

Zorros árticos

Petróleo

Bahía de Hudson

Liebre ártica

Plomo

Expedición al Polo Norte

Gaviota ártica

Tiendas del Pueblo Sami

TIERRA DE BAFFIN (Canadá)

ISLA ELLESMERE (Canadá)

Motonieve

Rompehielos

RUSIA

Bahía de Baffin

Polo Norte ●

Oso polar

Armiño

Morsa

Narval

Buey almizclero

OCÉANO ÁRTICO

GROENLANDIA (Dinamarca)

Foca de capucha

Manada de renos

Ballena jorobada

Focas de anillos

Carbón

Arao

OCÉANO ATLÁNTICO

S

Frailecillos

ISLAS SVALBARD (Noruega)

Hierro

ISLANDIA

Bacalao

Círculo Polar Ártico

S

S

S

NORUEGA SUECIA

Datos

La mayoría de la población del Ártico está compuesta por Inuit. Viven ahí desde hace miles de años.

La primera persona que llegó al Polo Norte fue el explorador estadounidense Robert Peary, en 1901.

El Océano Ártico es una de las zonas de pesca más ricas del mundo.

S

Esta distancia equivale a 1,900 km.

La Antártida

La Antártida es un enorme continente cubierto de hielo situado cerca del Polo Sur. Es el lugar más frío y con más viento en toda la Tierra. Pocos animales viven en el Polo, pero en las costas hay focas y pájaros, y peces en el mar. Las únicas personas que viven en la Antártida son científicos, dedicados a estudiar la fauna.

Datos

En 1911, Roald Amundsen, un explorador noruego, fue el primero en llegar al Polo Sur.

Cada año casi 30,000 turistas navegan por las aguas de la Antártida para ver la vida silvestre.

En la Antártida hay muchos icebergs. El más grande que se ha encontrado medía el triple que Chipre.

Ballena azul

O C É A N O   A T L Á N T I C O

Crucero

Pingüinos de Adelia

Estación Molodeznaya (Rusia)

Krill

Ballena franca

Mar de Weddell

Estación Halley (GB)

Foca de Weddell

Albatros

O C É A N O   Í N D I C O

Calamar

Pingüino emperador

O C É A N O   P A C Í F I C O

Pingüinos de Adelia

Glaciar de Ronne

Avión

Orcas

Cachalote

Expedición al Polo Sur

Polo Sur ●

Estación Amundsen-Scott (EEUU)

Elefantes marinos

Estación Casey (Australia)

Iceberg

Estación Vostock (Rusia)

Petrel gigante

Pez polar

Pingüino emperador

Glaciar de Ross

Monte Erebus

Bacalao antártico

Estación McMurdo (EEUU)

Mar de Ross

Gaviota ártica

Estación Dumont d'Urville (Francia)

Otario

N

Krill

Círculo Polar Antártico

Ballena jorobada

N

N

N

Esta distancia equivale a 1,600 km.

EXPLORADOR

► ¿Qué criaturas parecidas a los camarones se reúnen en las aguas antárticas y constituyen el principal alimento de de la mayoría de los animales que viven ahí? (Ver coordenadas P6.)

► ¿Cómo se llama el glaciar más grande del mundo? (Ver coordenadas M9.)

► ¿Cómo se llama el volcán más activo de la Antártida? Es una de las montañas más altas de ese continente. (Ver N9.)

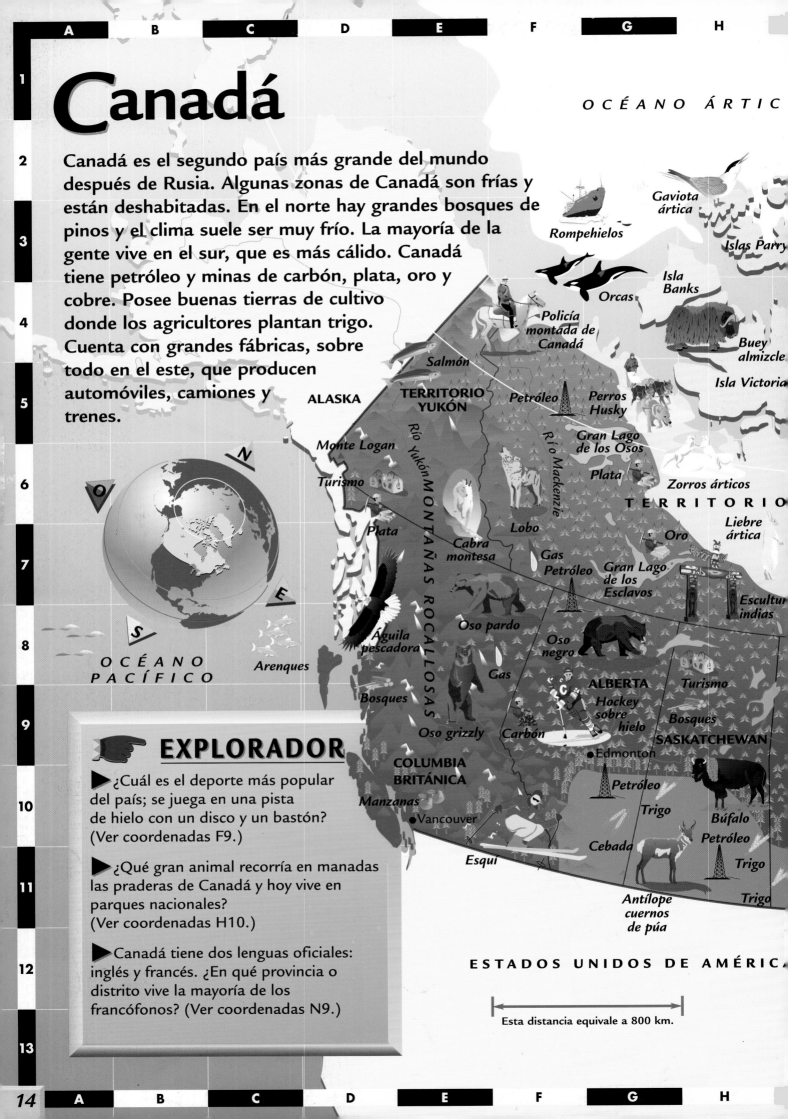

Canadá

Canadá es el segundo país más grande del mundo después de Rusia. Algunas zonas de Canadá son frías y están deshabitadas. En el norte hay grandes bosques de pinos y el clima suele ser muy frío. La mayoría de la gente vive en el sur, que es más cálido. Canadá tiene petróleo y minas de carbón, plata, oro y cobre. Posee buenas tierras de cultivo donde los agricultores plantan trigo. Cuenta con grandes fábricas, sobre todo en el este, que producen automóviles, camiones y trenes.

EXPLORADOR

▶ ¿Cuál es el deporte más popular del país; se juega en una pista de hielo con un disco y un bastón? (Ver coordenadas F9.)

▶ ¿Qué gran animal recorría en manadas las praderas de Canadá y hoy vive en parques nacionales? (Ver coordenadas H10.)

▶ Canadá tiene dos lenguas oficiales: inglés y francés. ¿En qué provincia o distrito vive la mayoría de los francófonos? (Ver coordenadas N9.)

OCÉANO ÁRTIC

Rompehielos

Gaviota ártica

Islas Parry

Orcas

Isla Banks

Policía montada de Canadá

Buey almizcle

Salmón

Isla Victoria

ALASKA

TERRITORIO YUKÓN

Petróleo

Perros Husky

Gran Lago de los Osos

Plata

Zorros árticos

Monte Logan

TERRITORIO

Turismo

Río Yukón

Río Mackenzie

Lobo

Oro

Liebre ártica

Plata

Cabra montesa

Gran Lago de los Esclavos

Escultura indias

Gas Petróleo

Oso pardo

Águila pescadora

Oso negro

Gas

ALBERTA

Turismo

OCÉANO PACÍFICO

Hockey sobre hielo

Bosques

Arenques

Bosques

Oso grizzly

Carbón

SASKATCHEWAN

COLUMBIA BRITÁNICA

Edmonton

Manzanas

Petróleo

Búfalo

Vancouver

Trigo

Petróleo

Cebada

Esquí

Trigo

Antílope cuernos de púa

Trigo

ESTADOS UNIDOS DE AMÉRICA

Esta distancia equivale a 800 km.

14

Isla Ellesmere

GROENLANDIA (Dinamarca)

Islas Reina Isabel

Conejo de Noruega

Morsa

Datos

Los bosques de pinos cubren más de un tercio de Canadá. Los leñadores cortan los árboles para hacer tablas o papel.

Canadá tiene fama por su dulce miel de maple. Se prepara con la pegajosa savia del maple en primavera.

En Canadá nadie está lejos del agua. Hay más de un millón de lagos. El Gran Lago, en la frontera con Estados Unidos, es el lago de agua dulce más grande del mundo.

Beluga

Foca de capucha

Narval

Isla Príncipe de Gales

Pueblo Inuit

Tierra de Baffin

Búho nival

Círculo Polar Ártico

Oso polar

Motonieve

Ballena jorobada

EL NOROESTE

Estrella de mar

OCÉANO ATLÁNTICO

Gansos canadienses

Rompehielos

Lince

Hierro

Frailecillos

Ballena franca

Alce

B a h í a   d e   H u d s o n

TERRANOVA

Bacalao

ANITOBA

Río Nelson

Visón

Ganso de nieve

Hidroavión

Bosques

QUEBEC

Miel de maple

Hierro

Castor

Bosques

Fábricas de papel

ore

Armiño

Cobre

G o l f o   d e   S a n   L o r e n z o

Turismo

ONTARIO

Ardilla gris

Oro

Autobús de turismo

Vacas lecheras

Petróleo

Camión

Castillo Frontenac

NEW BRUNSWICK

● Winnipeg

Mapache

Hierro

Papas

NUEVA ESCOCIA

Hierro

Manzanas

nado uno

Lago Superior

● Montreal

Carbón

Torre CN

ISLAS PRÍNCIPE EDUARDO

Lago Hurón

● Ottawa

Fábricas de autos

Ballena azul

Toronto ● Lago Ontario

Lago Michigan

Cerdos

Lago Erie

Cataratas del Niágara

Langosta

Río San Lorenzo

Estados Unidos

Atún

Fábricas de aviones

Maíz

Seattle●

WASHINGTON

Manzanas

Oso negro

Petróleo

Volcanes

MONTANA

Círculo Polar Ártico

Oso polar

Bosques

Mapach

ALASKA

Oso gris

OREGON

Géiser Viejo Leal

Ballena franca

Río Yukón

Oleoducto

Monte McKinley

Caballos salvajes

IDAHO

Carbón

Águila pescadora

Antílope cuernos de púa

Ganado vacuno

WYOMING

Otarios

Perros Husky

Anchorage●

Oro

Búfalo

Gan va

Naranjas

Bosques

Gran Lago Salado

Cabra de las Montañas Rocallosas

Plata

Puente Golden Gate

Ganado vacuno

UTAH

Salmón

Caballos salvajes

Caballos salvajes

Cobre

COLORADO

Den

● San Francisco

● San José

NEVADA

Esquí

Ballena jorobada

Chip de computadora

Gas

G o l f o   d e   A l a s k a

Vino

CALIFORNIA

HOLLYWOOD

Petróleo

NUEVA MÉXI

Turismo

Estados Unidos es un enorme territorio dividido en 50 estados, incluyendo Alaska y Hawai. Tanto sus paisajes como sus habitantes son muy variados. En el oeste hay montañas altas y bosques. El centro es una gran llanura donde se cultiva trigo y maíz. Al noreste hay montañas más pequeñas, minas de carbón y fábricas de automóviles. Cuenta con ciudades con grandes rascacielos como Nueva York. En los últimos 500 años, millones de personas han ido a vivir a Estados Unidos.

Productoras de cine

Los Ángeles ●

Gran Cañón

Petróleo

San Diego ●

● Phoenix

Petróleo

León marino

Río Colorado

Cactus Seguaro

ARIZONA

Víbora

El Paso ●

Río L

M É X I C O

Surf

HAWAI

Pulpo

O C É A N O   P A C Í F I C O

Volcanes

Turismo

Datos

El águila pescadora es el ave nacional de Estados Unidos. Vive sobre todo en Alaska, donde hay muchos peces, su alimento favorito.

Casi la mitad de la producción mundial de maíz se cultiva en Estados Unidos.

La bandera de Estados Unidos tiene una estrella por cada estado.

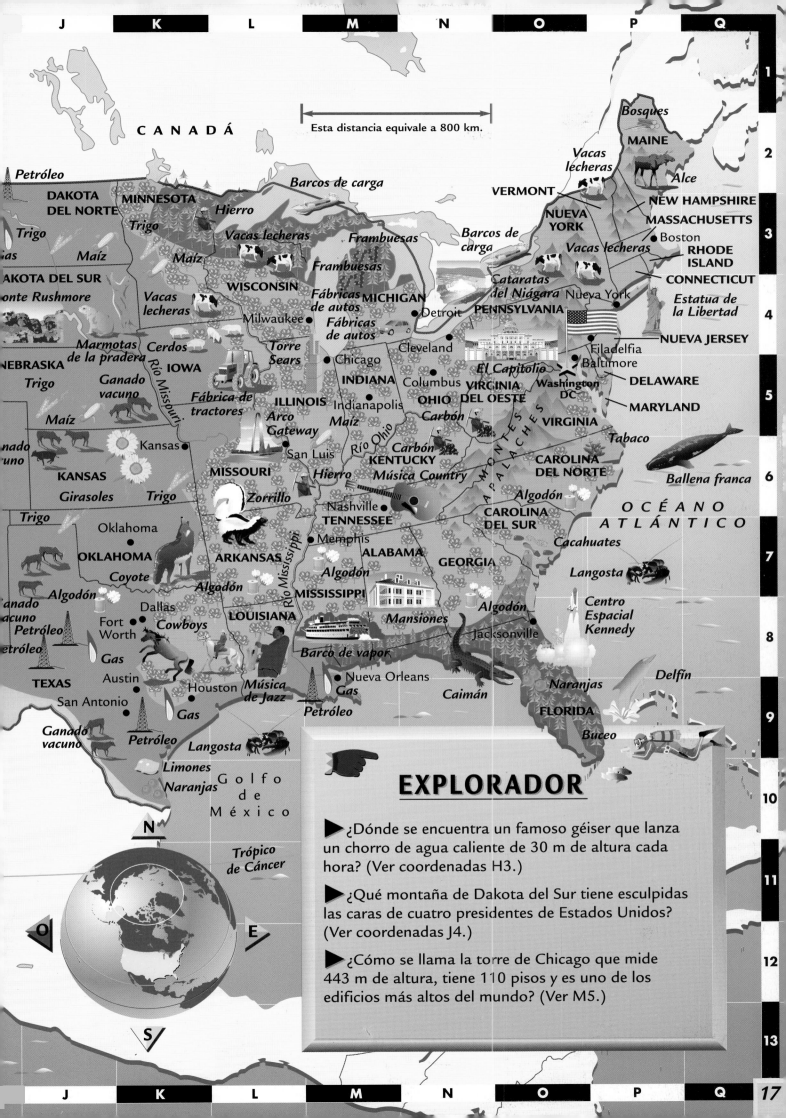

CANADÁ

Esta distancia equivale a 800 km.

Petróleo

DAKOTA DEL NORTE

Trigo

Maíz

DAKOTA DEL SUR

Monte Rushmore

NEBRASKA

Marmotas de la pradera

Trigo

Maíz

Ganado vacuno

KANSAS

Girasoles

Kansas

Trigo

Trigo

Oklahoma

OKLAHOMA

Coyote

Algodón

Ganado vacuno

Petróleo

Petróleo

TEXAS

Dallas

Fort Worth

Cowboys

Austin

San Antonio

Gas

Houston

Gas

Ganado vacuno

Petróleo

Langosta

Limones

Naranjas

Golfo de México

MINNESOTA

Hierro

Trigo

Maíz

Vacas lecheras

WISCONSIN

Vacas lecheras

Milwaukee

Cerdos

IOWA

Ganado vacuno

Fábrica de tractores

ILLINOIS

Arco Gateway

San Luis

MISSOURI

Zorrillo

Hierro

Nashville

TENNESSEE

Memphis

ARKANSAS

Algodón

Algodón

MISSISSIPPI

LOUISIANA

Barco de vapor

Nueva Orleans

Gas

Petróleo

Música de Jazz

Barcos de carga

Frambuesas

Frambuesas

Fábricas de autos

MICHIGAN

Fábricas de autos

Detroit

Torre Sears

Chicago

Cleveland

INDIANA

Indianapolis

Maíz

Columbus

OHIO

Música Country

Carbón

Río Ohio

KENTUCKY

Carbón

ALABAMA

GEORGIA

Mansiones

Algodón

Jacksonville

Caimán

Naranjas

FLORIDA

Buceo

Barcos de carga

Cataratas del Niágara

NUEVA YORK

VERMONT

PENNSYLVANIA

Vacas lecheras

El Capitolio

VIRGINIA DEL OESTE

Washington DC

VIRGINIA

MONTES APALACHES

CAROLINA DEL NORTE

Algodón

CAROLINA DEL SUR

Cacahuates

Langosta

Centro Espacial Kennedy

Tabaco

Ballena franca

OCÉANO ATLÁNTICO

Delfín

Bosques

MAINE

Vacas lecheras

Alce

NEW HAMPSHIRE

MASSACHUSETTS

Boston

RHODE ISLAND

CONNECTICUT

Nueva York

Estatua de la Libertad

NUEVA JERSEY

Filadelfia

Baltimore

DELAWARE

MARYLAND

N

O

E

S

Trópico de Cáncer

EXPLORADOR

▶ ¿Dónde se encuentra un famoso géiser que lanza un chorro de agua caliente de 30 m de altura cada hora? (Ver coordenadas H3.)

▶ ¿Qué montaña de Dakota del Sur tiene esculpidas las caras de cuatro presidentes de Estados Unidos? (Ver coordenadas J4.)

▶ ¿Cómo se llama la torre de Chicago que mide 443 m de altura, tiene 110 pisos y es uno de los edificios más altos del mundo? (Ver M5.)

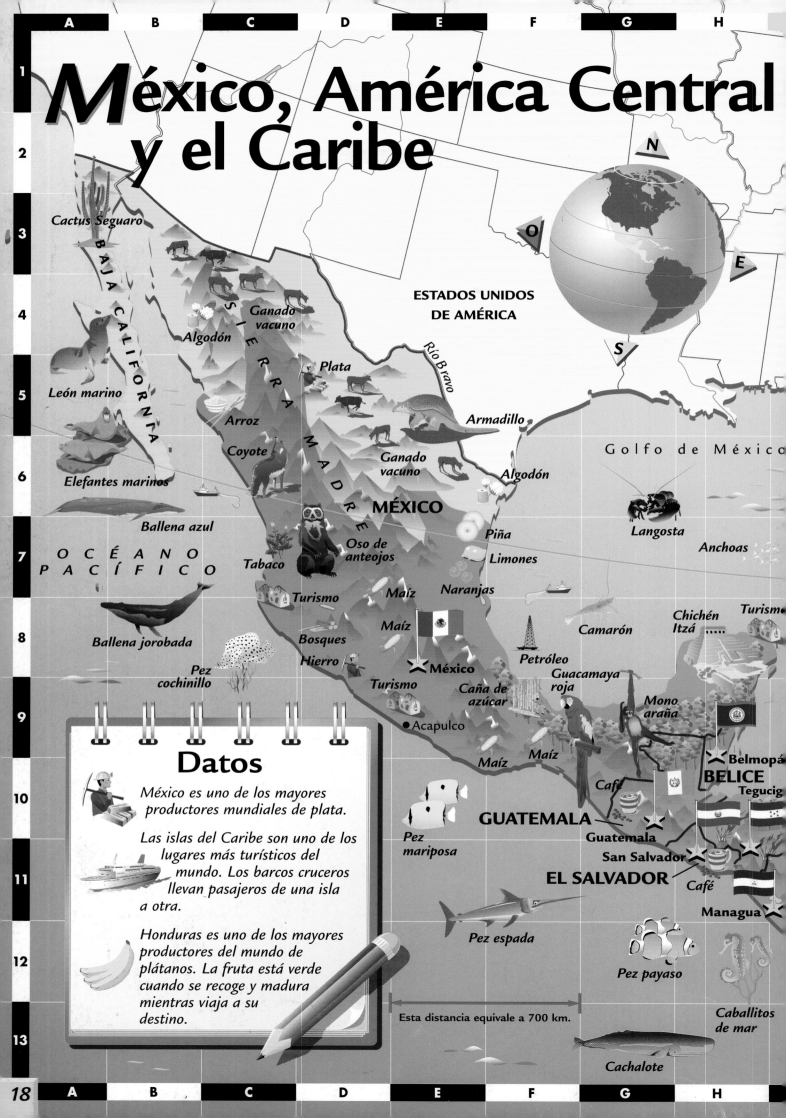

México, América Central y el Caribe

ESTADOS UNIDOS DE AMÉRICA

N · O · S · E

Cactus Seguaro

BAJA CALIFORNIA

SIERRA MADRE

Ganado vacuno

Algodón

León marino

Elefantes marinos

Ballena azul

OCÉANO PACÍFICO

Ballena jorobada

Pez cochinillo

Plata

Arroz

Coyote

Tabaco

Turismo

Bosques

Hierro

Oso de anteojos

Ganado vacuno

MÉXICO

Río Bravo

Armadillo

Algodón

Piña

Limones

Naranjas

Maíz

Maíz

México

Turismo

Acapulco

Caña de azúcar

Maíz

Maíz

Golfo de México

Langosta

Anchoas

Camarón

Petróleo

Guacamaya roja

Mono araña

Chichén Itzá

Turismo

Belmopá
BELICE

Tegucig

Café

GUATEMALA

Guatemala

San Salvador

EL SALVADOR

Café

Managua

Pez mariposa

Pez espada

Pez payaso

Caballitos de mar

Cachalote

Datos

México es uno de los mayores productores mundiales de plata.

Las islas del Caribe son uno de los lugares más turísticos del mundo. Los barcos cruceros llevan pasajeros de una isla a otra.

Honduras es uno de los mayores productores del mundo de plátanos. La fruta está verde cuando se recoge y madura mientras viaja a su destino.

Esta distancia equivale a 700 km.

América Central es una estrecha franja de tierra que une Norteamérica y Sudamérica.

México es un país grande, populoso y con una larga historia. Al sur hay siete países más pequeños. Muchos de los habitantes se dedican a la agricultura de subsistencia o trabajan en plantaciones de caña de azúcar, café y plátanos. Al este, en el cálido Mar Caribe, hay cientos de islas soleadas, famosas por sus arrecifes de coral y por sus playas paradisiacas.

EXPLORADOR

▶ ¿Qué antigua ciudad de México fue construida por los mayas hace más de mil años y cuyas pirámides y edificios en ruinas se visitan actualmente? (Ver H8.)

▶ ¿Qué canal utilizan los barcos de carga para pasar del Océano Atlántico al Pacífico y viceversa? Tiene unos 82 km de longitud y alrededor de 34 barcos pasan por él diariamente. (Ver K12.)

▶ ¿Cuál es la única especie de oso que vive en México? Su nombre viene de los círculos blancos que tiene alrededor de los ojos. (Ver coordenadas D7.)

▶ ¿Cuál es una de las ciudades más pobladas del mundo? En ella vive más gente que en toda Australia. (Ver E8.)

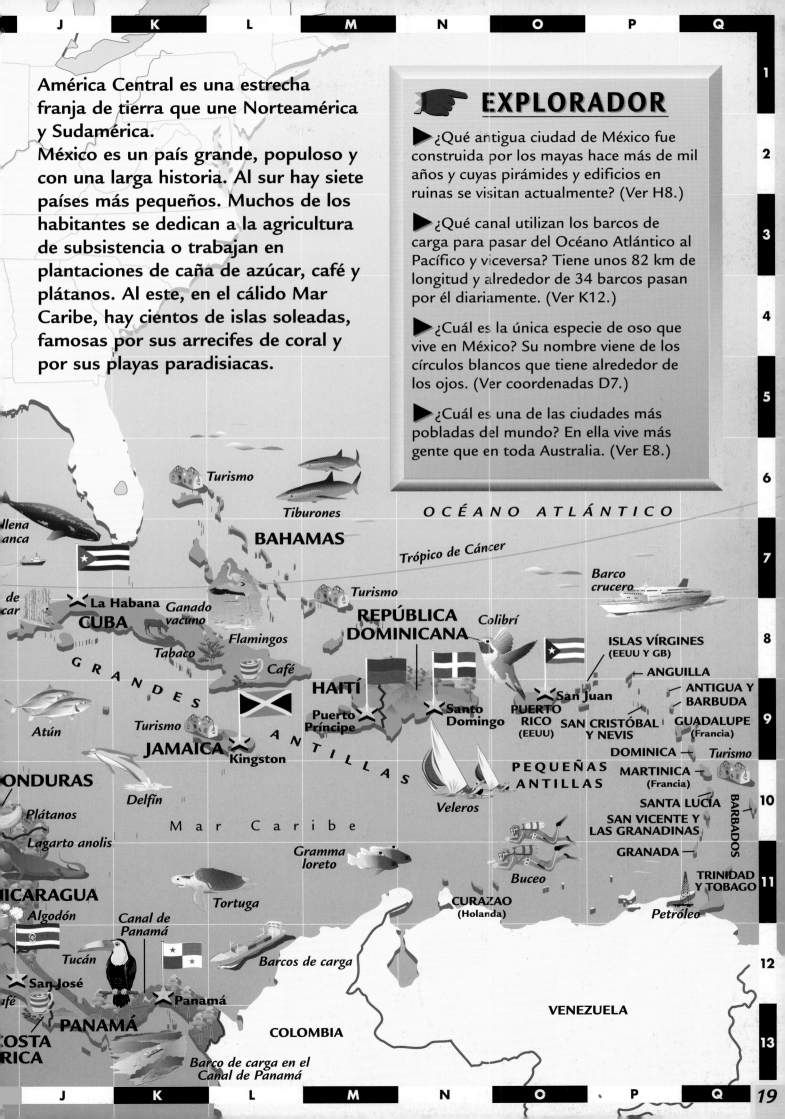

OCÉANO ATLÁNTICO

Turismo

Tiburones

BAHAMAS

Trópico de Cáncer

Barco crucero

llena anca

de car

La Habana

Ganado vacuno

CUBA

Turismo

REPÚBLICA DOMINICANA

Colibrí

ISLAS VÍRGINES (EEUU y GB)

Tabaco

Flamingos

Café

ANGUILLA

ANTIGUA Y BARBUDA

San Juan

HAITÍ

Atún

Turismo

Puerto Príncipe

Santo Domingo

PUERTO RICO (EEUU)

SAN CRISTÓBAL Y NEVIS

GUADALUPE (Francia)

JAMAICA

Kingston

ANTILLAS

DOMINICA

Turismo

ONDURAS

Delfín

PEQUEÑAS ANTILLAS

MARTINICA (Francia)

SANTA LUCÍA

BARBADOS

Plátanos

Lagarto anolis

Mar Caribe

Veleros

SAN VICENTE Y LAS GRANADINAS

GRANADA

Gramma loreto

ICARAGUA

Buceo

TRINIDAD Y TOBAGO

Algodón

Tortuga

CURAZAO (Holanda)

Petróleo

Canal de Panamá

Barcos de carga

Tucán

VENEZUELA

San José

Panamá

afé

PANAMÁ

COLOMBIA

OSTA RICA

Barco de carga en el Canal de Panamá

Sudamérica

Sudamérica se extiende desde el cálido Mar Caribe hasta las tormentosas aguas del Cabo de Hornos. En Sudamérica hace calor todo el año, excepto en el extremo sur y en la cordillera de los Andes. En el norte, el gran río Amazonas atraviesa la selva tropical. Algo más al sur hay extensas llanuras donde pasta el ganado. La mayoría de los sudamericanos vive en ciudades costeras. En el campo, los agricultores cultivan plátanos, café, frijoles y maíz.

Mar Caribe

Barcos de carga
Gramma loreto
Turismo
Plátanos
Oro
Petróleo
Árbol vaca
Petróleo

VENEZUELA
Caracas
Petróleo
Río Orinoco
Diamantes
Textiles
Oro
Diamantes

Esmeraldas
Café
Palafito

Cali
Quito
ECUADOR
Café
Petróleo
Plátanos
Arenques

COLOMBIA
Bogotá
Café

Tapir
Café
Cobre
Llama
Algodón

PERÚ
Lima
Caña de azúcar
Cachalote

Cayena
GUYANA FRANCESA (Francia)
Arroz
Paramaribo
SURINAM
Georgetown
GUYANA
Arroz
Cataratas del Ángel
Oro

Cocodrilo
Boa esmeralda
Piraña
Canoas
Río Amazonas
Petróleo
Perezoso
Pájaro paraguas
Rana venenosa
Oro
Lago Titicaca

Ecuador
Camarón
Oro
Selva Amazónica
Tucán
Diamantes
Murciélago vampiro
Jaguar
Oro

BRASIL

Tala de la selva
Hierro
Maíz
Oro
Petróleo

BOLIVIA
La Paz
Caña de azúcar
Papas
Gas
Algodón
Maíz
Oro
Trigo
Cobre
Ganadería

Barcos de carga
Recife
Caña de azúcar
Algodón
Oro
Petróleo
Tabaco
Río San Francisco
Brasília
Hierro
Turismo
Algodón
Arroz
Naranjas
Hierro

Camarón
Langosta
Carnaval

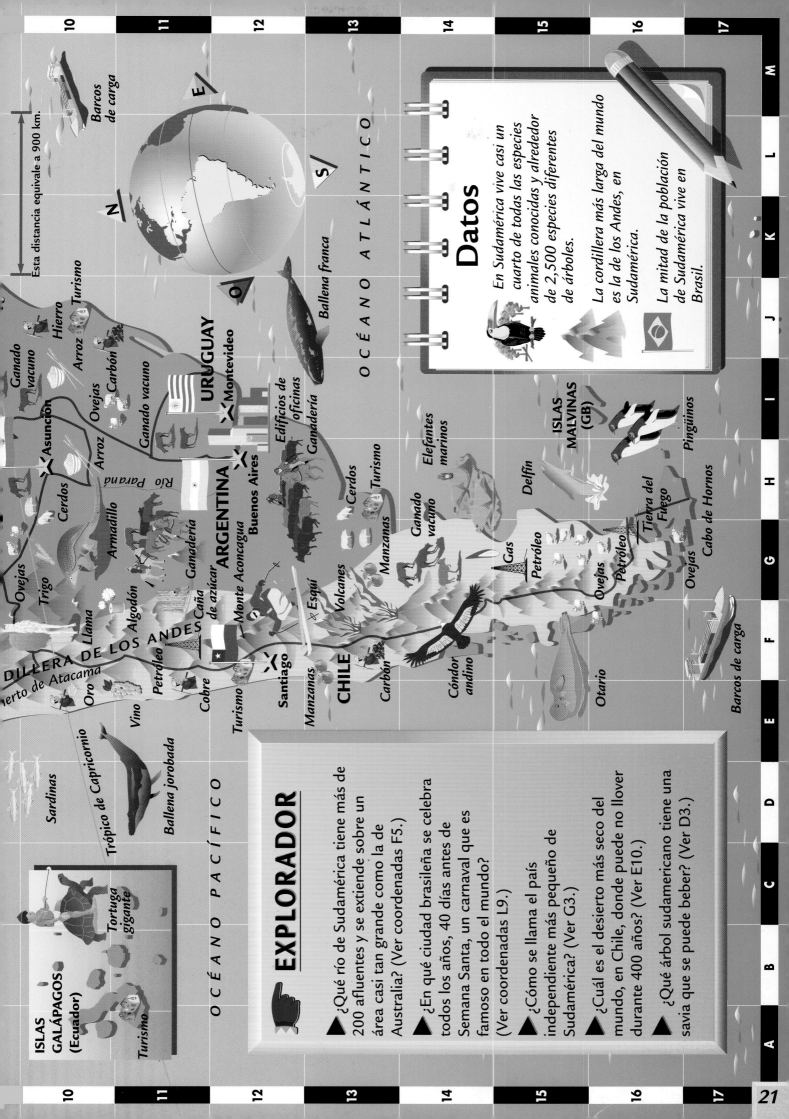

Datos

En Sudamérica vive casi un cuarto de todas las especies animales conocidas y alrededor de 2,500 especies diferentes de árboles.

La cordillera más larga del mundo es la de los Andes, en Sudamérica.

La mitad de la población de Sudamérica vive en Brasil.

👉 EXPLORADOR

▲ ¿Qué río de Sudamérica tiene más de 200 afluentes y se extiende sobre un área casi tan grande como la de Australia? (Ver coordenadas F5.)

▲ ¿En qué ciudad brasileña se celebra todos los años, 40 días antes de Semana Santa, un carnaval que es famoso en todo el mundo? (Ver coordenadas L9.)

▲ ¿Cómo se llama el país independiente más pequeño de Sudamérica? (Ver G3.)

▲ ¿Cuál es el desierto más seco del mundo, en Chile, donde puede no llover durante 400 años? (Ver E10.)

▲ ¿Qué árbol sudamericano tiene una savia que se puede beber? (Ver D3.)

Esta distancia equivale a 900 km.

Barcos de carga

N O S E

ISLAS GALÁPAGOS (Ecuador)

Tortuga gigante

Turismo

Sardinas

Trópico de Capricornio

Ballena jorobada

OCÉANO PACÍFICO

Ganado vacuno

Hierro

Turismo

Arroz

Carbón

Ovejas

Ganado vacuno

Asunción

Cerdos

Armadillo

Ovejas

Arroz

Río Paraná

Ovejas

Trigo

Llama

Oro

Algodón

Ganadería

Caña de azúcar

Monte Aconcagua

ARGENTINA

Buenos Aires

Edificios de oficinas

Ganadería

URUGUAY

Montevideo

Ballena franca

OCÉANO ATLÁNTICO

DILLERA DE LOS ANDES

erto de Atacama

Vino

Cobre

Petróleo

Turismo

Santiago

Manzanas

Esquí

Volcanes

Cerdos

Turismo

Manzanas

CHILE

Carbón

Ganado vacuno

Gas

Delfín

Petróleo

Elefantes marinos

Cóndor andino

Otario

Ovejas

Petróleo

Tierra del Fuego

ISLAS MALVINAS (GB)

Pingüinos

Ovejas

Cabo de Hornos

Barcos de carga

Norte de Europa

Narval

ISLANDIA

Frailecillos

Círculo Polar Ártico

Géiser Strokkur

Reykjavík

Ovejas

Gaviotas árticas

El norte de Europa es una zona bastante fría y en la que puede llover durante todo el año. Hay montañas y bosques de pinos en el extremo norte y en el sur se encuentran las montañas más altas. El centro es una extensa llanura que alguna vez estuvo cubierta de bosques. Durante cientos de años los árboles fueron talados para construir granjas, pueblos y ciudades. La mayoría de los noreuropeos trabajan en fábricas, tiendas y oficinas.

Círculo Polar Ártic

Restos de un barco vikingo

Trondhei

Gas

Petróleo

Esquí
Monte Glittertinder

Poney Shetland

Bergen

Fábrica de papel

Petróleo

Gas

Oslo

Águila

Arenques

NORUEGA

OCÉANO
ATLÁNTICO

Bacalao

Bacalao

Astillero

IRLANDA DEL NORTE (GB)

Ciervo

Mar del Norte

Vacas lecheras

Salmón

Edimburgo

Belfast

Fábricas de autos

Gas

Petróleo

Cerdos

REPÚBLICA DE IRLANDA

Armiño

GRAN BRETAÑA

Tiburón zorro

DINAMARC

Copenhagen

Dublín

Papas

Cerdos

Astille

Vacas lecheras

Marsopa

Ovejas

Tejón

HOLANDA

Zuecos

Río Elba

Estrellas de mar

Cardiff

Vacas lecheras

Nutri

Ponies salvajes

Londres

Erizo

Amsterdam

Molinos de viento

ALEMANIA

Langosta

Stonehenge

BÉLGICA

Eurotúnel

Bruselas

Fábricas de autos

Turismo

LUXEMBURGO

Carbón

Frankfurt

Torre Eiffel

Chocolate

París

Quesos

Luxemburgo

Río Rhin

Bosques

Vino

Castillo Neusch-wanstein

Esta distancia equivale a 480 km.

Río Loira

Pájaro carpintero

Río Sena

Vino

Garza real

LIECHTENSTE

ALPES

FRANCIA

Vino

Golfo de Vizcaya

Burdeos

Tren de alta velocidad

Berna

Relojes

Río Ródano

SUIZA

Esqu

EXPLORADOR

▶ ¿Qué túnel del norte de Europa tiene casi 50 km de largo y permite que 400 trenes lo atraviesen diariamente en cada sentido? (Ver coordenadas E10.)

▶ ¿En qué país se exhibe al público un gran barco que fue construido por los vikingos hace cientos de años? (Ver coordenadas H4.)

▶ ¿Qué famosa torre europea tiene 320 m de alto y 1,652 escalones para subir? (Ver coordenadas E11.)

▶ ¿Qué monumento de piedra fue construido en Inglaterra hace alrededor de 3,500 años y nadie sabe para qué se utilizaba? (Ver coordenadas E10.)

Datos

En Dinamarca hay el doble de cerdos que de personas. De cada tres cerdos, dos se exportan como tocino danés.

Cada año visitan Francia más turistas que ningún otro lugar en el mundo.

Finlandia produce papel suficiente para hacer cinco millones de historietas al día.

Sur de Europa

A B C D E F G H

1

Turismo
BÉLGICA
LUXEMBURG

2 Turismo
Torre Eiffel
París
Río Sena
Fábricas de autos
Champaña

3 Bacalao
Estrella de mar
OCÉANO ATLÁNTICO
Río Loira
Garza real
Papas
Vino
FRANCIA
Cerdos
Tren de alta velocidad

4 Anchoas
Langosta
Marsopa
Tiburón zorro
Ganado vacuno
Vacas lecheras
SUIZA
Lyon
Venado
Mila

5 Ganado vacuno
Hierro
Papas
Trigo
Lobo
Esquí
Vino
Ovejas
Río Ródano
ALPES
Turín
Fábrica de auto
Gén

6 Caballos salvajes
Oporto
Torero
Halcón peregrino
PIRINEOS
Trigo
Fábrica de aviones
Flamingos
ANDORRA
Marsella
Turismo
Astilleros
MÓNAC
Barcos de carga
Aceitunas

7 PORTUGAL
Lisboa
Molino de viento
Ovejas
Fábricas de autos
Madrid
Ovejas
Río Tajo
Naranjas
Catedral de la Sagrada Familia
Barcelona
Anchoas
Veleros
CÓRCEGA (Francia)
Ove
Calamar
Hie

8 Águila real
Ovejas
ESPAÑA
Aceitunas
Girasoles
Limones
Hierro
Avoceta
MALLORCA (España)
Vino
MENORCA (España)
CERDEÑA (Italia)
Ove

9 Lince
Sevilla
Vino
Bailarines de flamenco
Esquí
Turismo
IBIZA (España)
Turismo
Anchoas
Langosta
Buceo
Turismo
Mar Mediterráneo
GIBRALTAR (GB)

El sur de Europa es cálido, soleado y seco en su mayor parte. Grandes zonas son montañosas, pero hay también muchas tierras de cultivo. En el sur de Europa mucha gente se dedica a la agricultura y produce cereales, frutas y hortalizas. Además, el sur de Europa cuenta con muchos edificios antiguos y obras de arte, por lo que cada año millones de turistas visitan sus ciudades y museos.

EXPLORADOR

▶ ¿Qué torre italiana construida hace más de 300 años empezó a inclinarse incluso antes de que fuera terminada? (Ver coordenadas I6.)

▶ ¿Cómo se llama el antiguo estadio romano donde los gladiadores luchaban con espadas y redes? (Ver J7.)

▶ ¿Qué antiguo templo griego fue construido para adorar a la diosa Atenea, protectora de Atenas? (Ver N8.)

Datos

El Monte Etna en Sicilia es el volcán más grande de Europa. Su última erupción fue en 1995.

España es el mayor productor mundial de aceite de oliva. Con ese aceite se podrían llenar, cada año, 160 albercas olímpicas.

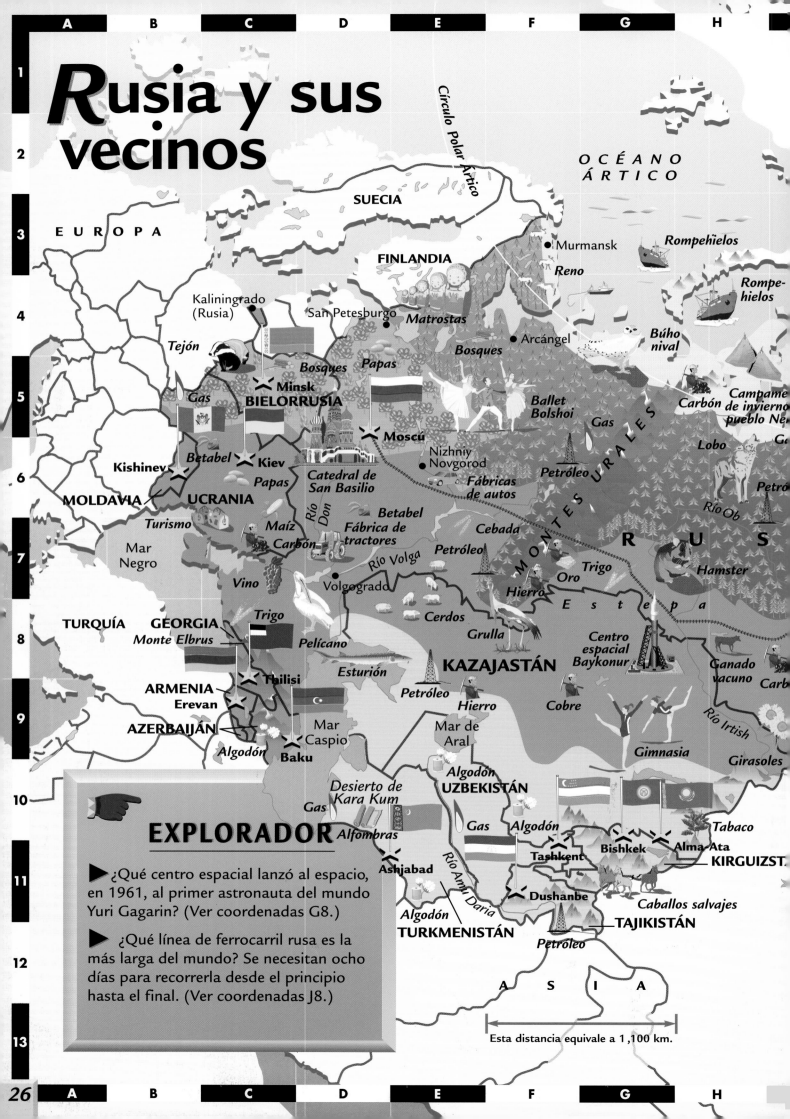

Rusia se extiende por Europa y Asia y es el país más grande del mundo. Rusia y sus vecinos se llamaban antes Unión Soviética, pero en 1991 se separaron. La mayoría de los rusos vive en la parte europea de Rusia, donde se ubican las principales ciudades y hay buenas tierras de cultivo. En los extremos norte y este hay un enorme bosque llamado taiga, donde viven lobos y osos.

Beluga

Focas

Mar de Bering

Círculo Polar Ártico

Carbón

Reno

MONTES DE KOLIMA

Arenques

Bosques

Oso polar

Cabra montesa

MONTES CHERSKY

Zorros árticos

Tundra

Renos

Cisnes

Río Lena

Visón

MONTES VERKHOYAUSK

Oro

Magadan

Volcanes

Cobre

Río Yenisei

Gas

Ojotsk

Carbón

Oso pardo

Ganado vacuno

Mar de Ojotsk

Cangrejos

Casa de madera

Siberia

Bosques

Petróleo

Salmón

A

Diamantes

Tigre siberiano

Papas

Taiga

Río Amur

Isla Sajalín

Ferrocarril Transiberiano

Hierro

Oro

Bosques

Oro

MONTES YABLONOVI

Girasoles

Carbón

Ganado vacuno

Ganado vacuno

Cerdos

Lago Baikal

Papas

MONTES ALTAY

Irkutsk

Oro

CHINA

Ovejas

Cerdos

Vladivostok

N

JAPÓN

O

E

Datos

S

OCÉANO PACÍFICO

1
2
3
4
5
6
7
8
9
10
11
12
13

Suroeste asiático

El suroeste de Asia también se llama Medio Oriente. Aquí, hace miles de años, la gente se dedicaba a la agricultura y más tarde se fundaron las primeras ciudades. Esta parte del mundo está constituida por un desierto seco y ardiente, por lo que cultivar es difícil. Hace 50 años se encontró petróleo debajo del desierto y la mejoría económica que esto produjo sirvió para realizar un sistema de regadío para poder cultivar territorios mayores.

Datos

Hace más de 5,000 años aparecieron en Medio Oriente, a lo largo de los ríos Tigris y Éufrates, las primeras ciudades del mundo.

Tres de las religiones más importantes del mundo aparecieron en Medio Oriente: judaísmo, cristianismo y el Islam.

En Medio Oriente se hacen a mano las alfombras más caras del mundo. Los que tejen y anudan la lana siguen diferentes diseños, que indican de qué zona procede cada alfombra.

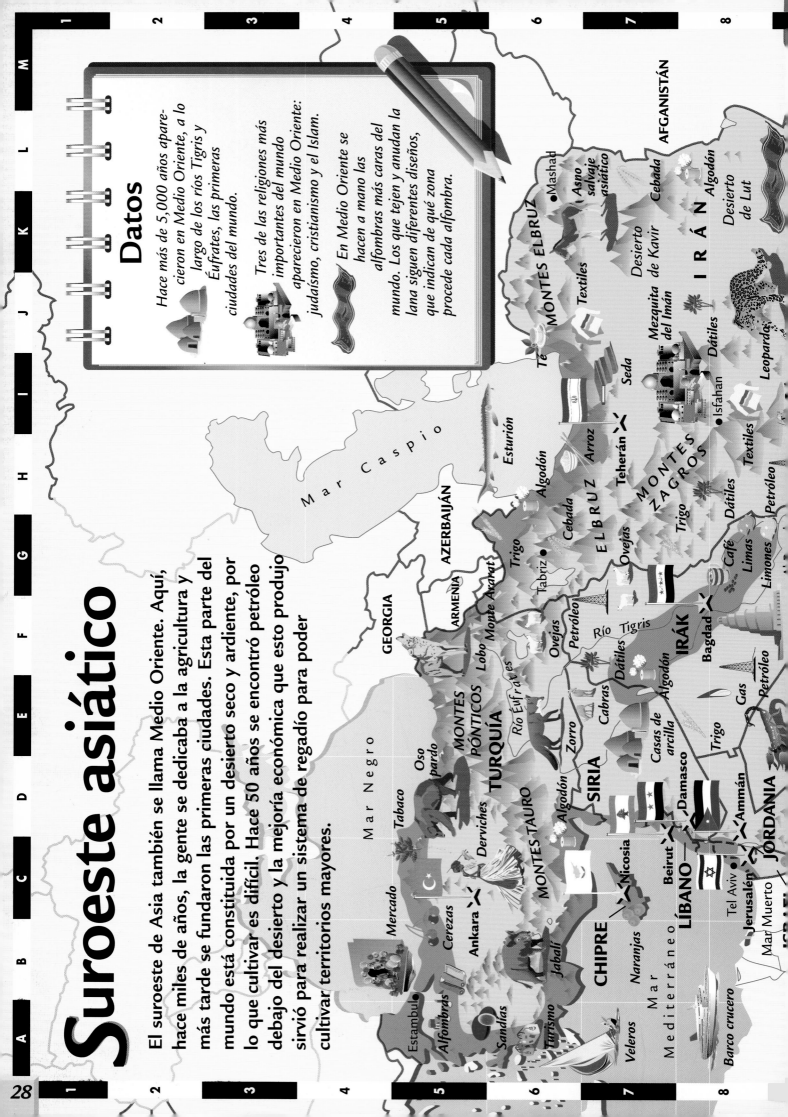

Mar Caspio

Mar Negro

Mar Mediterráneo

GEORGIA

ARMENIA

AZERBAIJÁN

TURQUÍA

CHIPRE

SIRIA

LÍBANO

JORDANIA

IRÁK

IRÁN

AFGANISTÁN

MONTES PÓNTICOS

MONTES TAURO

MONTES ELBRUZ

MONTES ZAGROS

ELBRUZ

Desierto de Kavir

Desierto de Lut

Río Éufrates

Río Tigris

Monte Ararat

Estambul

Ankara

Nicosia

Beirut

Tel Aviv

Jerusalén

Ammán

Damasco

Bagdad

Tabriz

Teherán

Isfahan

Mashad

Mezquita del Imán

Mar Muerto

Turismo

Alfombras

Sandías

Cerezas

Jabalí

Naranjas

Veleros

Barco crucero

Mercado

Tabaco

Oso pardo

Derviches

Trigo

Lobo

Zorro

Cabras

Algodón

Algodón

Casas de arcilla

Dátiles

Dátiles

Gas

Petróleo

Trigo

Oveja

Petróleo

Oveja

Cebada

Algodón

Trigo

Arroz

Textiles

Té

Seda

Esturión

Café

Limas

Limones

Petróleo

Dátiles

Trigo

Textiles

Algodón

Dátiles

Leopardo

Asno salvaje asiático

Cebada

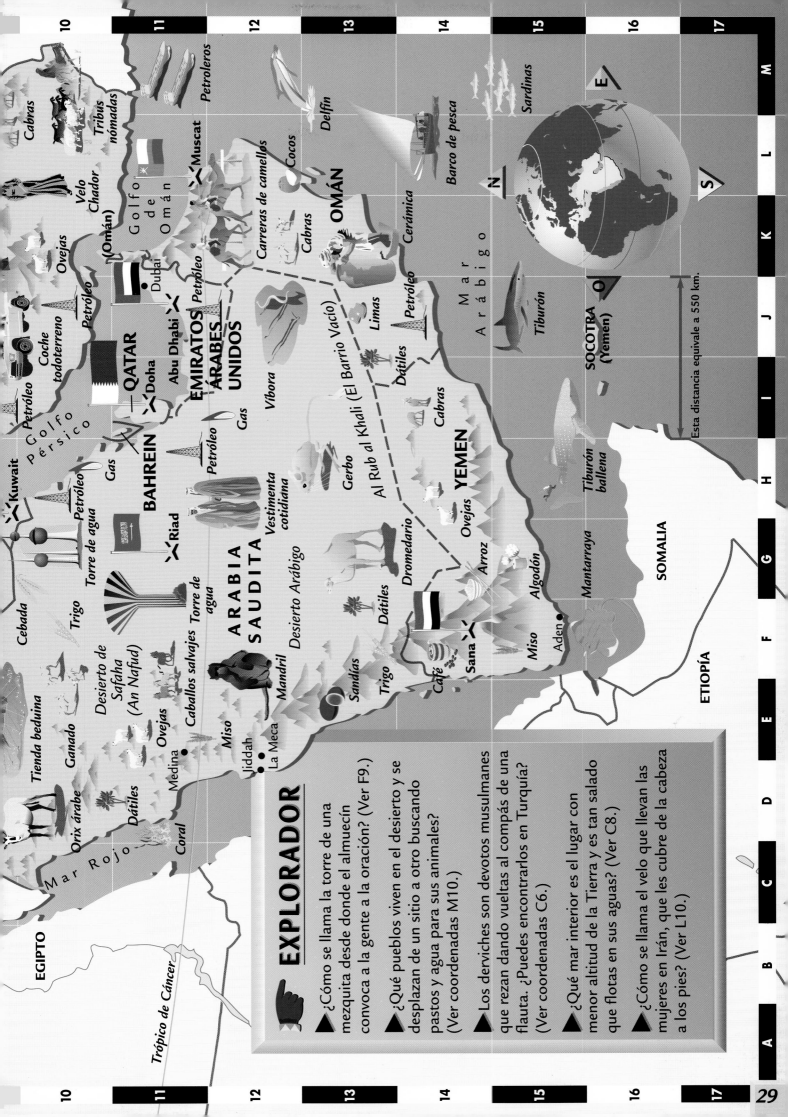

EXPLORADOR

▲ ¿Cómo se llama la torre de una mezquita desde donde el almuecín convoca a la gente a la oración? (Ver F9.)

▲ ¿Qué pueblos viven en el desierto y se desplazan de un sitio a otro buscando pastos y agua para sus animales? (Ver coordenadas M10.)

▲ Los derviches son devotos musulmanes que rezan dando vueltas al compás de una flauta. ¿Puedes encontrarlos en Turquía? (Ver coordenadas C6.)

▲ ¿Qué mar interior es el lugar con menor altitud de la Tierra y es tan salado que flotas en sus aguas? (Ver C8.)

▲ ¿Cómo se llama el velo que llevan las mujeres en Irán, que les cubre de la cabeza a los pies? (Ver L10.)

Esta distancia equivale a 550 km.

29

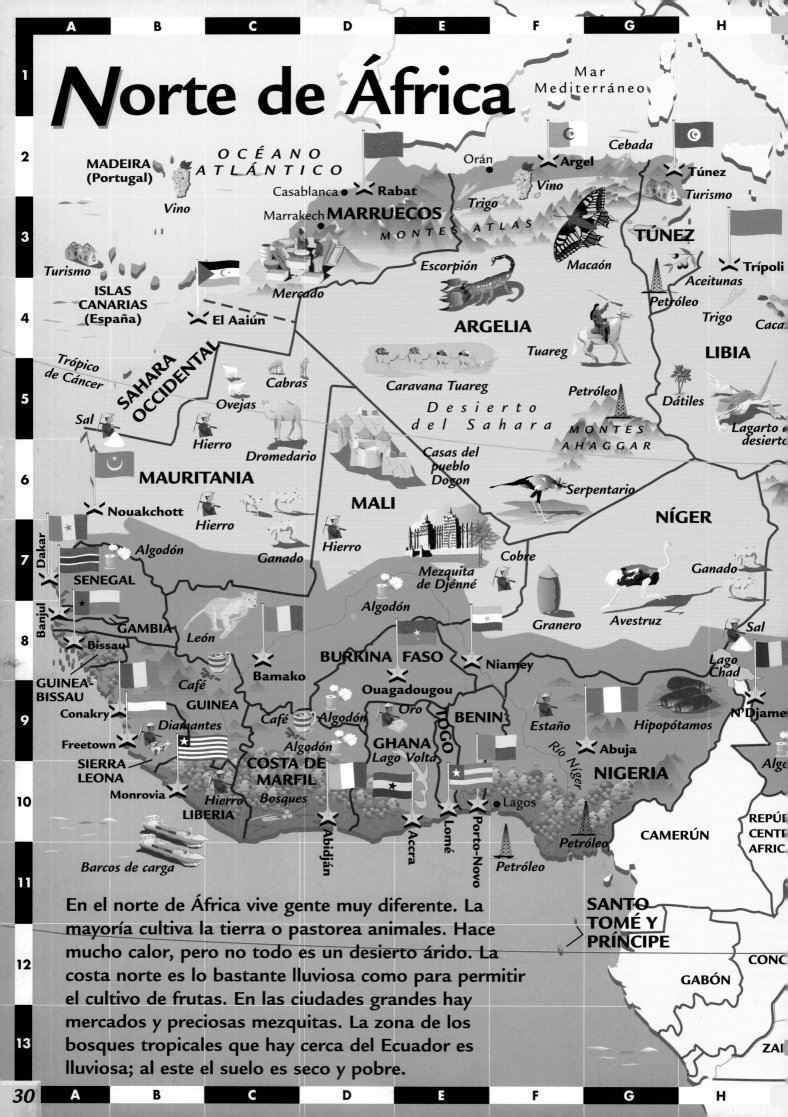

Norte de África

A B C D E F G H

1

2
Mar Mediterráneo

O C É A N O
A T L Á N T I C O

MADEIRA (Portugal)
Vino

Orán • ✳ Argel
Cebada

Casablanca • ✈ Rabat
Marrakech • MARRUECOS

Vino
Trigo

MONTES ATLAS

Macaón

✳ Túnez
Turismo

TÚNEZ

✳ Trípoli
Aceitunas
Petróleo

3

Turismo

ISLAS CANARIAS (España)

Mercado

Escorpión

ARGELIA

Tuareg

Caravana Tuareg

D e s i e r t o
d e l   S a h a r a

Petróleo

MONTES AHAGGAR

Dátiles

LIBIA

Trigo

Caca

Lagarto
desierto

4

Trópico de Cáncer

SAHARA OCCIDENTAL

✈ El Aaiún

Cabras

Ovejas

Hierro

Dromedario

5

Sal

MAURITANIA

✳ Nouakchott

Hierro

Ganado

Casas del pueblo Dogon

MALI

Hierro

Mezquita de Djénné

Serpentario

NÍGER

Cobre

Ganado

6

Dakar ✳

SENEGAL

Algodón

Algodón

Granero

Avestruz

7

Banjul ✳

GAMBIA
✳ Bissau

GUINEA-BISSAU

Conakry ✳

León

Café

Bamako ✳

BURKINA FASO

Ouagadougou ✳

Oro

Algodón

✳ Niamey

Estaño

✳ Abuja

Hipopótamos

Sal

Lago Chad

N'Djame

8

Freetown ✳

SIERRA LEONA

Diamantes

GUINEA

Café

Algodón

Algodón

GHANA
Lago Volta

TOGO

BENIN

Río Níger

NIGERIA

Alg

9

Monrovia ✳

LIBERIA

Hierro

COSTA DE MARFIL

Bosques

✳ Abidján

✳ Accra

✳ Lomé

✳ Porto-Novo

• Lagos

Petróleo

Petróleo

CAMERÚN

REPÚ
CENT
AFRIC

10

Barcos de carga

11
En el norte de África vive gente muy diferente. La mayoría cultiva la tierra o pastorea animales. Hace mucho calor, pero no todo es un desierto árido. La costa norte es lo bastante lluviosa como para permitir el cultivo de frutas. En las ciudades grandes hay mercados y preciosas mezquitas. La zona de los bosques tropicales que hay cerca del Ecuador es lluviosa; al este el suelo es seco y pobre.

SANTO TOMÉ Y PRÍNCIPE

CONG

GABÓN

ZAI

12

13

A B C D E F G H

EUROPA

N

O · E

S

TURQUÍA

Limones
Dátiles
Naranjas
...nas
Petróleo
Petróleo
Gas · Gas
Alejandría
Petróleo
El Cairo
Canal de Suez

EGIPTO
Pirámides
Esfinge
Trigo
Maíz
Algodón
Dátiles · Alfombras
Lago Nasser
Tiendas beduinas
Veleros
Escorpión
Cocodrilo

Mar Rojo

Río Nilo

SUDÁN
Jartúm
ERITREA
Asmera
YEMEN

...zas
...HAD
Dátiles
...ado
Ganado
Ganado
Ovejas
Elefante
Árbol Baobab
Algodón · Chita

DJIBOUTI
Djibouti
Barco de carga
SOMALIA
Ganado
Ovejas
Addis Abeba
ETIOPÍA
MESETA DE ABISINIA
Mandril
Cabras
Ovejas

Mogadishu
Plátanos · Ecuador

OCÉANO ÍNDICO

Datos

El Canal de Suez une el Mar Rojo y el Mar Mediterráneo. Es una de las vías marítimas más utilizadas en el mundo.

El desierto del Sahara es casi tan grande como Estados Unidos. Es el desierto más extenso del mundo.

Ghana tiene tanto oro que los primeros europeos le pusieron el nombre de "Costa de Oro".

El cocodrilo del Nilo ha sido tan perseguido que ahora está en peligro de extinción.

ARABIA SAUDITA

Esta distancia equivale a 960 km.

EXPLORADOR

▶ ¿Qué tumbas cerca de El Cairo fueron construidas hace más de 4,000 años para enterrar a los antiguos faraones egipcios? (Ver coordenadas K4.)

▶ ¿Qué mamífero africano es el más veloz del mundo? (Ver coordenadas L10.)

▶ ¿Cómo se llama el río más largo del mundo situado en el norte de África? (Ver coordenadas L7.)

Sur de África

El sur de África es una vasta tierra de praderas, bosques tropicales, montañas y desiertos. Las llanuras de Kenia y Tanzania son famosas por sus enormes manadas de animales. Más al oeste, en los bosques tropicales, hay gorilas, monos y pájaros tropicales. Gente muy variada vive en África; la mayoría cultiva la tierra y vive en poblados, pero las ciudades están creciendo. Muchos países tienen minas de cobre y oro y algunos también de diamantes.

Datos

En el sur de África viven el rinoceronte blanco y el gorila, dos animales en peligro de extinción.

El sur de África tiene grandes regiones de bosques tropicales. Casi un cuarto de todos los bosques del mundo están aquí.

Sudáfrica es el mayor productor mundial de oro.

Esta distancia equivale a 725 km.

Trópico de Cáncer

N
O
S

Ecuador

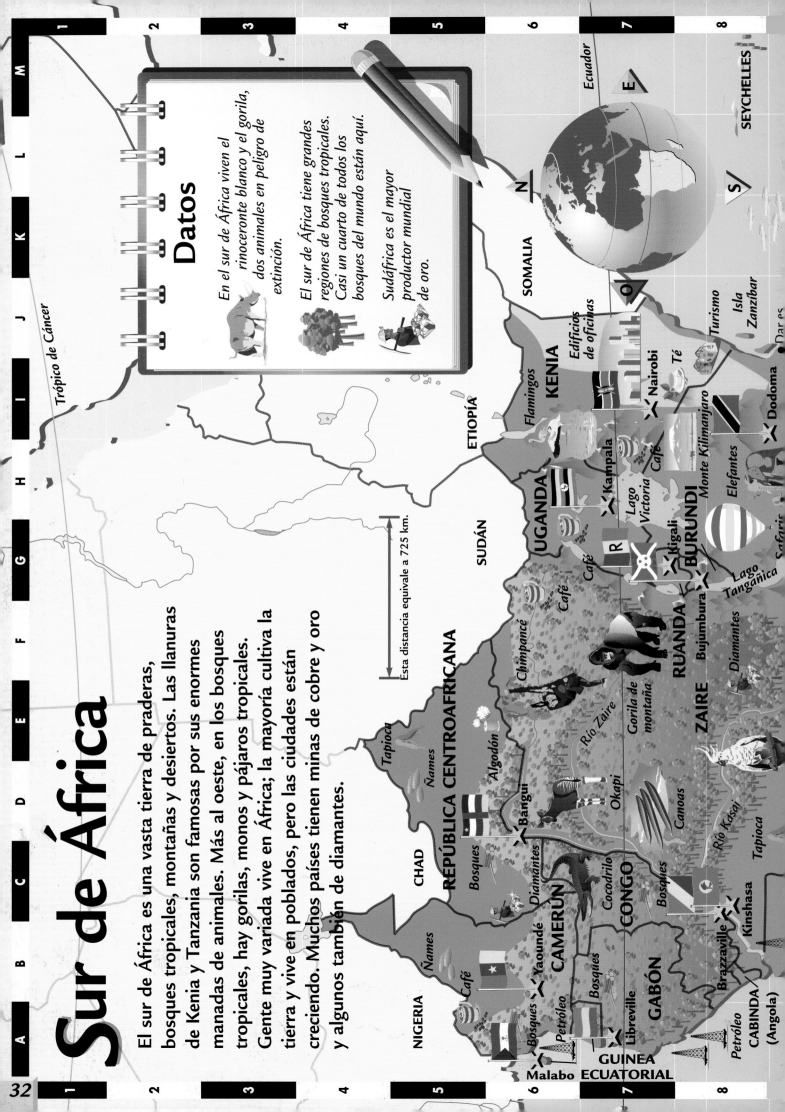

NIGERIA
Café
Ñames

CHAD
Ñames

REPÚBLICA CENTROAFRICANA
Bosques
Diamantes
Algodón
Tapioca

SUDÁN

ETIOPÍA

SOMALIA

KENIA
Flamingos
Nairobi
Té
Café

UGANDA
Kampala
Lago Victoria
Café
Café

Edificios de oficinas

Monte Kilimanjaro
Elefantes

RUANDA
Kigali
BURUNDI
Bujumbura
Lago Tangañica

ZAIRE
Gorila de montaña
Río Zaire
Río Kasai
Canoas
Okapi
Tapioca
Diamantes
Safaris

Chimpancé
Café

CAMERÚN
Yaoundé
Bosques

GABÓN
Libreville
Petróleo
Bosques

GUINEA ECUATORIAL
Malabo

CONGO
Brazzaville
Bosques
Cocodrilo
Kinshasa

CABINDA (Angola)
Petróleo

Bangui

Bosques

Turismo
Isla Zanzíbar
Dar es
Dodoma

SEYCHELLES

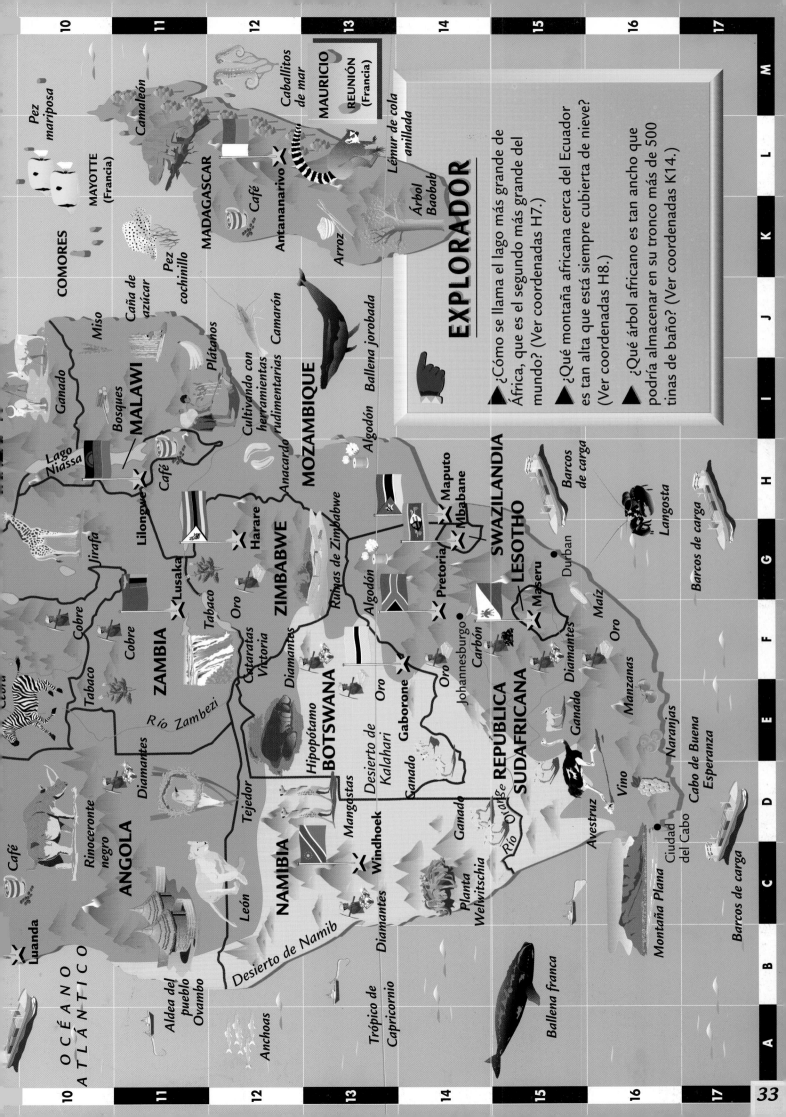

EXPLORADOR

▲ ¿Cómo se llama el lago más grande de África, que es el segundo más grande del mundo? (Ver coordenadas H7.)

▲ ¿Qué montaña africana cerca del Ecuador es tan alta que está siempre cubierta de nieve? (Ver coordenadas H8.)

▲ ¿Qué árbol africano es tan ancho que podría almacenar en su tronco más de 500 tinas de baño? (Ver coordenadas K14.)

Etiquetas del mapa

Pez mariposa

MAYOTTE (Francia)

COMORES

Pez cochinillo

Caña de azúcar

Miso

Camaleón

Caballitos de mar

MAURICIO

REUNIÓN (Francia)

Lémur de cola anillada

Árbol Baobab

Arroz

Café

Antananarivo

MADAGASCAR

Plátanos

Ganado

Bosques

MALAWI

Lago Niassa

Café

Lilongwe

Cultivando con herramientas rudimentarias

Anacardo

Camarón

Algodón

Ballena jorobada

MOZAMBIQUE

Harare

ZIMBABWE

Ruinas de Zimbabwe

Algodón

Maputo

Mbabane

SWAZILANDIA

Pretoria

Jirafa

Cobre

Tabaco

Cobre

Lusaka

ZAMBIA

Tabaco

Oro

Cataratas Victoria

Río Zambezi

Diamantes

Hipopótamo

BOTSWANA

Oro

Gaborone

Oro

Johannesburgo

Carbón

LESOTHO

Maseru

Barcos de carga

Durban

Langosta

Barcos de carga

Café

Rinoceronte negro

ANGOLA

Diamantes

Tejedor

Mangostas

Desierto de Kalahari

Ganado

Ganado

REPÚBLICA SUDAFRICANA

Ganado

Diamantes

Maíz

Oro

Manzanas

Vino

Naranjas

Cabo de Buena Esperanza

Avestruz

Ciudad del Cabo

Montaña Plana

Luanda

OCÉANO ATLÁNTICO

Aldea del pueblo Ovambo

León

Windhoek

NAMIBIA

Diamantes

Planta Welwitschia

Desierto de Namib

Trópico de Capricornio

Anchoas

Río Orange

Ballena franca

Barcos de carga

33

Sur de Asia

El sur de Asia se extiende desde la Cordillera del Himalaya, al norte de la India, hasta la isla de Sri Lanka, al sur. El clima en general es cálido y seco, aunque durante algunos meses las lluvias son muy intensas. Casi mil millones de personas pueblan el sur de Asia; la mayoría vive en aldeas y cultiva la tierra, pero la migración hacia las ciudades es grande. Las ciudades mezclan modernos edificios y antiguos templos y palacios, las calles están llenas de coches y camiones, pero también de carros tirados por bueyes y elefantes.

EXPLORADOR

👆

▲ ¿Qué templo de mármol blanco decorado con piedras preciosas fue construido en el siglo XVII por un marajá indio para sepultar a su esposa? (Ver coordenadas G8.)

▲ ¿Qué animal se emplea en India para hacer trabajos pesados tales como transportar troncos? (Ver F11.)

▲ ¿Qué se teje en Paquistán, Afganistán e India que ha dado fama a esos países? (Ver C6, C9 y F7.)

▲ ¿Qué vehículo de tres ruedas y parecido a una bicicleta se usa en India como medio de transporte en las ciudades? (Ver coordenadas I10.)

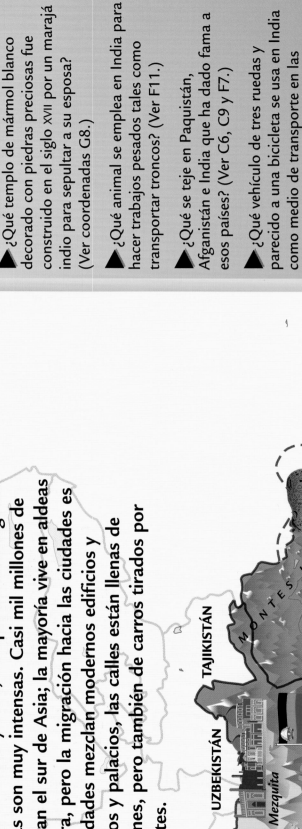

TURKMENISTÁN

UZBEKISTÁN

TAJIKISTÁN

AFGANISTÁN

Camello bactriano

Ordeñando cabras

Trigo

Algodón

Río Helmand

Ganado

Mezquita

Alfombras

Kabul

Rubíes

Duraznos

Cabras

•Quetta

PAQUISTÁN

Algodón

Trigo

opul

Río Indo

Desierto

Caña de azúcar

Trigo

Cabras

Mezquita Sha Faisal

✈Islamabad

Lahore•

Alfombras

MONTES KARAKORUM

Tigre de las nieves

CHINA

Yak

Cobra

Seda

Ganado

Trigo

Caña de azúcar

✈Nueva Delhi

CORDILLERA DEL HIMALAYA

Cimas de montañas

Monte Everest

NEPAL✈

Katmandú

Caña de

Cabras

BUTÁN

Punaka✈

Té

Río Brahmaputra

Té Petróleo

Rinoceronte indio

Monje budista

MYANMAR

BANGLADESH
Dhaka
Calcuta
Chittagong
Seda

Langosta

Tiburón

ISLAS
ADAMÁN (India)

Pez cochinillo

ISLAS
NICOBAR (India)

Coral

Ballena
jorobada

Delfines

OCÉANO
ÍNDICO

Ecuador

N
O
S
E

Fábricas
de autos
Hierro
Cocodrilo

I N D I A

Arroz
Vishakhapatnam

Bicicleta
rickisha
Carbón

Arroz

Hierro

Bosques
Pavo real
MONTES VINHDYA

Oso negro
Nagpur
Elefante
trabajando

Búfalo

Camión de
mercancías

Danza
india
tradicional

Madrás

Perlas

Cocos

Sardinas

SRI
LANKA

Té

Trigo
Ahmedabad
Río Narmada
Petróleo

Río Godavari
Carbón
Algodón
Hyderabad

Textiles
Tren de
vapor

Bombay
Productoras
de cine
I>S

Pantera negra

Miso
Oro
Hierro
Bangalore

Turismo

Oro

Fábricas de autos

Tigre

Arroz

Ganado

Colombo
Arroz

Barco de pesca

Karachi
Trópico de Cáncer
Productoras
de cine
I>S

Ovejas
Dromedario
Cacahuates
Algodón

Arenques

Ballena azul

Barco de pesca

Esta distancia equivale a 575 km.

Camarón
Astilleros
Cochin

Coral
Buceo

ISLAS
MALDIVAS

Pez payaso

Datos

I>S

*Se hacen más películas en el sur
de Asia que en ninguna otra
parte del mundo. India produce
más de 800 películas al año.*

*En las montañas del sur de
Asia vive el tigre de las nieves,
un animal en peligro de
extinción.*

*El sur de Asia es el mayor
productor mundial de té.*

A B C D E F G H I J K L M

10 11 12 13 14 15 16 17

35

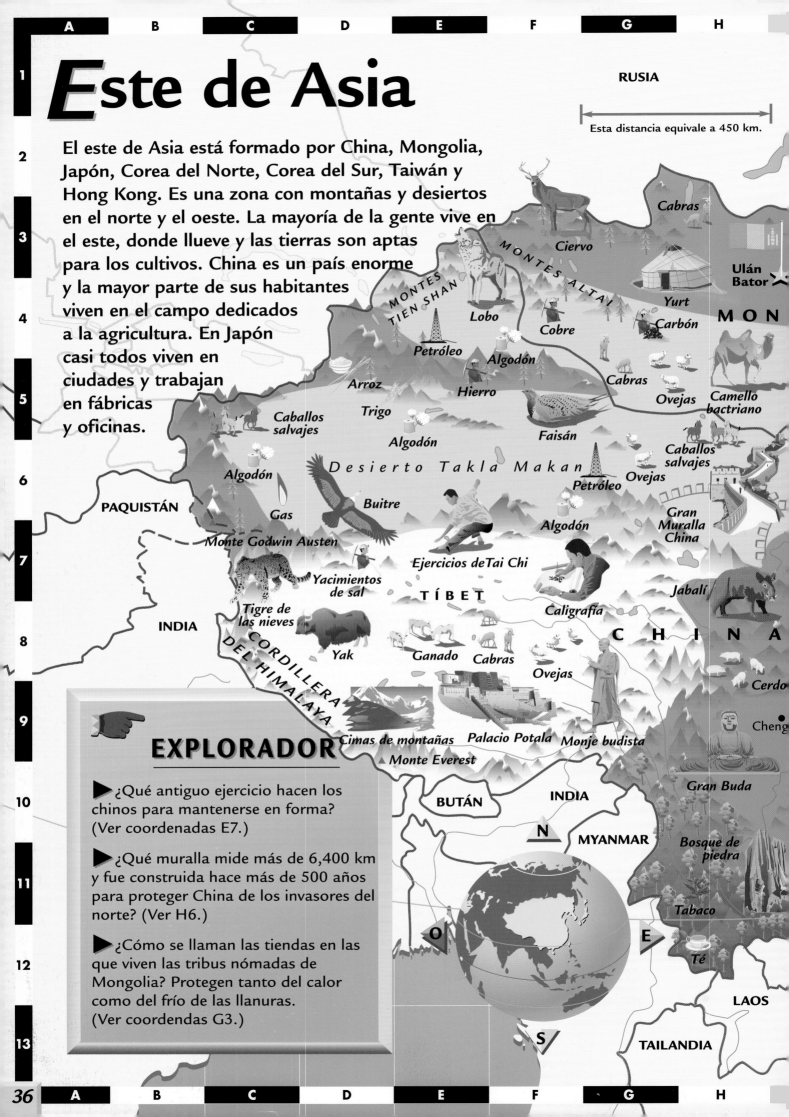

Este de Asia

RUSIA

Esta distancia equivale a 450 km.

El este de Asia está formado por China, Mongolia, Japón, Corea del Norte, Corea del Sur, Taiwán y Hong Kong. Es una zona con montañas y desiertos en el norte y el oeste. La mayoría de la gente vive en el este, donde llueve y las tierras son aptas para los cultivos. China es un país enorme y la mayor parte de sus habitantes viven en el campo dedicados a la agricultura. En Japón casi todos viven en ciudades y trabajan en fábricas y oficinas.

Cabras

Ciervo

MONTES ALTAI

Ulán Bator

Yurt

M O N

MONTES TIEN SHAN

Lobo

Cobre

Carbón

Petróleo

Algodón

Arroz

Hierro

Cabras

Ovejas

Camello bactriano

Trigo

Faisán

Caballos salvajes

Algodón

Caballos salvajes

Desierto Takla Makan

Ovejas

Algodón

Buitre

Petróleo

Gran Muralla China

Gas

Algodón

PAQUISTÁN

Monte Godwin Austen

Ejercicios de Tai Chi

Jabalí

Yacimientos de sal

TÍBET

Caligrafía

C H I N A

Tigre de las nieves

INDIA

CORDILLERA DEL HIMALAYA

Yak

Ganado

Cabras

Ovejas

Cerdo

Cheng

EXPLORADOR

Cimas de montañas

Palacio Potala

Monje budista

Monte Everest

Gran Buda

▶¿Qué antiguo ejercicio hacen los chinos para mantenerse en forma? (Ver coordenadas E7.)

BUTÁN

INDIA

N

MYANMAR

Bosque de piedra

▶¿Qué muralla mide más de 6,400 km y fue construida hace más de 500 años para proteger China de los invasores del norte? (Ver H6.)

▶¿Cómo se llaman las tiendas en las que viven las tribus nómadas de Mongolia? Protegen tanto del calor como del frío de las llanuras. (Ver coordendas G3.)

Tabaco

O

E

Té

LAOS

S

TAILANDIA

Datos

En Tíbet, una persona de cada cinco es un monje budista o un lama.

China es el país más poblado. Una quinta parte de la población mundial vive ahí.

Japón pesca más que ningún otro país en el mundo. Además del arroz, el pescado es el principal alimento de los japoneses.

Sureste Asiático

TAIWÁN

CHINA

Trópico de Cáncer

Buceo

Coral

Pez payaso

Palafito

Carbón

Jasbalí

MYANMAR

Coral

LUZÓN

Elefante trabajando

Búfalo

✈ **Hanoi**

LAOS

Barcos de carga

Cobre

✈ **Manila**

Arroz

Tigre

Río Irrawaddy

✈ **Vientiane**

TAILANDIA

Río Mekong

VIETNAM

F I L I P

Plata

Seda

Tapioca

Coral

Arroz

Arenques

Oro

✈ **Rangún**

Marcado flotante

Bangkok ✈

Maíz

Anchoas

Sardinas

Phnom Penh ✈

• Ciudad Ho Chi Minh

O C É A N O Í N D I C O

Monasterio de Angkor

Perlas

Petróleo

CAMBOYA

Arroz

Atún

Bandar Seri Begawan

Petróleo

Gas

Caucho

BRUNEI

Tiburones

Langosta

Turismo

Tortuga

Arroz

Pez cochinillo

Tapir malayo

Hierro

M A L A S I A

Bosques

Orangután

Coral

Turismo
Kuala Lumpur ✈

Edificios de oficinas

SINGAPUR

BORNEO

Petróleo

Bosques

I N D

Volcanes

Petróleo

SUMATRA

Barcos de carga

Orquí

EXPLORADOR

☞ ¿Cómo se llama el lagarto más grande del mundo? Llega a medir tres metros de largo y come de todo, incluso cerdos y ciervos. Sólo vive en Indonesia. (Ver coordenadas J11.)

☞ ¿Qué templo de Camboya es el edificio sagrado más grande del mundo? Fue construido hace más de 500 años en honor de Vishnú, un dios hindú. (Ver coordenadas D7.)

Gas

Volcanes

Flor Rafflesia

✈ **Jakarta** **JAVA**

Volcanes

Té

Caballitos de mar

Pez maripo

Coral

El sureste asiático está formado por una estrecha franja de tierra y miles de pequeñas islas. La región tiene montañas altas, selvas tropicales y valles. El clima es cálido y húmedo todo el año. Muchas personas se dedican a a la agricultura y cultivan arroz y maíz para alimentarse y caucho y café para exportar. Las ciudades están creciendo y mucha gente trabaja en fábricas y oficinas.

Datos

El caucho se obtiene de la savia de un árbol. El sureste asiático aporta más de tres cuartas partes a la producción mundial de caucho.

Hay más volcanes activos en el sureste asiático que en ninguna otra región del mundo. Las cenizas que dejan las erupciones volcánicas contribuyen a que el suelo sea fértil.

Indonesia está formada por más de 13,600 islas. Es la mayor cadena de islas del mundo y su población es la cuarta mayor del mundo.

Esta distancia equivale a 800 km.

Bicicleta rikisha

NAS

Cocos
MINDANAO

Barco de pesca

OCÉANO PACÍFICO

Ecuador

Atún

Ave del paraíso

Cocos

Esponja

Gas
Petróleo

IRIAN JAYA (Indonesia)

PAPUA NUEVA GUINEA

Cocos

MALUKU

Plátanos

Camarón

Clavo

Canguro de árbol

Equidna

Puerto Moresby

SULAWESI

Lagarto volador

Cangrejo

Ballena jorobada

Café

Mantarraya

I N E S I A

N

agón de modo

FLORES

TIMOR

ALI

SUMBA

Camarón

E

urismo

O

AUSTRALIA

Delfines

S

Trópico de Capricornio

Australia, Nueva Zelanda
y las Islas del Pacífico

El Océano Pacífico está salpicado de miles de islas. Casi todos sus habitantes viven en pueblos y se dedican a cazar o a pescar. Australia es también una isla, pero tan grande que es un continente. La mayoría de los australianos vive en ciudades o en granjas. Gran parte de Australia es cálida y árida, pero también tiene montañas y selvas tropicales; además tiene animales y plantas que no hay en ninguna otra parte.

OCÉANO ÍNDICO

Tiburones

Trópico de Capricornio

Velero

Emú

Equidna

Perth

Roca Ola

Vino

Hierro

Ovejas

Pozo de agua

Diamantes

Ganado vacuno

Pinturas rupestres

AUSTRALIA OCCIDENTAL

Oro

Camellos

Serpiente tigre

Dingos

Koala

Camarón

Darwin

Cocodrilo

Mantarra

Ganado vacuno

Ganadaría

Tren carretero

Gana vacun

TERRITORIO DEL NORTE

Desierto de Tanami

Bumerang

A U S T R A L I A

● Alice Springs

Árbol Baobab

Uluru (Roca Ayers)

Aviones médicos

AUSTRALIA MERIDIONAL

Gran Desierto Victoria

Ópalos

Coober Pedy ●

Periquito

Vomdad

Lago E

Naran

Adelai

Langosta

Delfín

EXPLORADOR

▶ ¿Qué lago en el sur de Australia está seco la mayor parte del año y cubierto por una capa de sal de casi 4 metros de espesor? (Ver coordenadas H8.)

▶ ¿Qué animal tiene un cuerpo peludo, pico de pato, pone huevos y alimenta a sus crías con leche? Este extraño mamífero sólo vive en Australia. (Ver coordenadas J9.)

▶ Australia cuenta con rocas muy antiguas. ¿Puedes encontrar una con forma de ola y más de 3,000 millones de años de antigüedad? (Ver D9.)

Datos

La Barrera de Arrecifes de la costa este de Australia es el mayor arrecife de coral del mundo.

En el mundo existen 3,000 lenguas diferentes. Casi la mitad se hablan en las islas del Pacífico.

Australia es el continente más plano de la Tierra.

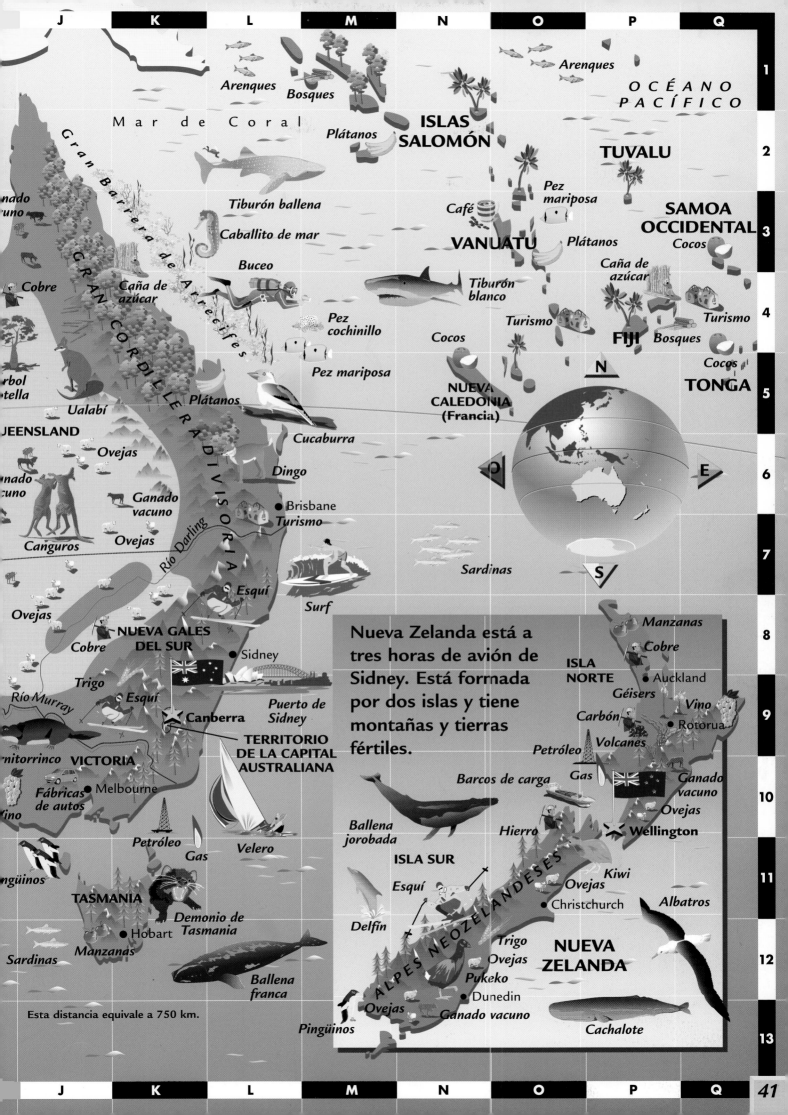

OCÉANO
PACÍFICO

Mar de Coral

Arenques

Bosques

Plátanos

**ISLAS
SALOMÓN**

TUVALU

Arenques

Gran Barrera de Arrecifes

GRAN CORDILLERA DIVISORIA

Tiburón ballena

Caballito de mar

Buceo

Café

*Pez
mariposa*

VANUATU

Plátanos

**SAMOA
OCCIDENTAL**

Cocos

Cobre

*Caña de
azúcar*

*Pez
cochinillo*

*Tiburón
blanco*

*Caña de
azúcar*

Turismo

Turismo

*árbol
tella*

Pez mariposa

Cocos

FIJI

Bosques

Cocos

TONGA

Ualabí

Plátanos

**NUEVA
CALEDONIA
(Francia)**

N

JEENSLAND

Ovejas

Cucaburra

O

E

*nado
uno*

*Ganado
vacuno*

Dingo

Brisbane

Turismo

Río Darling

Canguros

Ovejas

Sardinas

S

Ovejas

Esquí

Surf

Surf

Cobre

**NUEVA GALES
DEL SUR**

Sidney

Nueva Zelanda está a
tres horas de avión de
Sidney. Está formada
por dos islas y tiene
montañas y tierras
fértiles.

Manzanas

Cobre

**ISLA
NORTE**

Auckland

Géisers

Vino

Trigo

Esquí

Canberra

*Puerto de
Sidney*

Carbón

Rotorua

Río Murray

**TERRITORIO
DE LA CAPITAL
AUSTRALIANA**

Petróleo

Volcanes

ornitorrinco

VICTORIA

Barcos de carga

Gas

VICTORIA

*Fábricas
de autos*

Melbourne

*Ballena
jorobada*

Hierro

*Ganado
vacuno*

Ovejas

Wellington

ino

Petróleo

Gas

Velero

ISLA SUR

güinos

TASMANIA

*Demonio de
Tasmania*

Esquí

ALPES NEOZELANDESES

Ovejas

Kiwi

Christchurch

Albatros

Sardinas

Manzanas

Hobart

Delfín

Trigo

Ovejas

**NUEVA
ZELANDA**

*Ballena
franca*

Pykeko

Dunedin

Esta distancia equivale a 750 km.

Pingüinos

Ovejas

Ganado vacuno

Cachalote

Asombroso

En estas páginas puedes descubrir cosas muy interesantes sobre el mundo. Busca los nombres de los lugares en el índice toponímico y averigua dónde se sitúan en los mapas.

¿Dónde se encuentra...

...el lugar más cálido?
Al Aziziyah en Libia. La temperatura más elevada ha sido 58°C.

En Al Aziziyah, podrías freír un huevo en una piedra a pleno sol.

...el lugar más frío?
Vostock en la Antártida. La temperatura más baja jamás registrada fue de -89°C. Tres veces más frío que un congelador.

...el lugar más húmedo?
Mawsynram, en la India, donde caen casi 12 metros de lluvia cada año.

...el lugar más seco?
...el desierto de Atacama, en Chile, donde en los últimos 400 años ha llovido muy pocas veces.

¿Qué país es el...

...más grande?
Rusia. Tiene 17,075,400 km² de superficie.

...más pequeño?
Ciudad del Vaticano. Su superficie es de 0.44 km².

Si Rusia fuera del tamaño de una cancha de futbol, Ciudad del Vaticano sería como un sello postal.

...menos habitado?
Mongolia, que tiene un enorme desierto y altas montañas. Hay muy pocas ciudades y están muy alejadas unas de otras.

...más poblado?
Monaco, que es un país europeo muy pequeño. La orquesta de Mónaco está compuesta por más personas que su ejército.

¿Dónde está...

...la montaña más alta del mundo?
El Monte Everest en la Cordillera del Himalaya, en Nepal. Mide 8,848 m sobre el nivel del mar –es más de nueve veces más alta que la catarata más alta del mundo.

8,848 m

...la catarata más alta del mundo?
Las Cataratas del Ángel en Venezuela. Tiene una caída de 979 m, más del doble que el edifico más alto de Norteamérica.

979 m

...el edificio más alto de Norteamérica?
La Torre Sears en EEUU mide 443 metros de altura, casi cuatro veces más que el géiser más alto del mundo.

443 m

...el géiser más alto del mundo?
El géiser Steamboat en EEUU. Ha llegado a alcanzar 115 metros de altura, un poco más que el árbol más alto del mundo.

115 m

...el árbol más alto del mundo?
Una secuoya de California, EEUU. Mide 112 m de alto –más de 40 veces más alta que el hombre más alto del mundo.

112 m

¿Quién ha sido el hombre más alto del mundo?
Un estadounidense llamado Robert Pershing Wadlow, quien medía 2.70 metros.

EXPLORADOR

Busca estos lugares en el atlas.

► La montaña más alta (página 34, J8).

► La catarata más alta (página 20, E4).

► El río más largo (página 31, L7).

► El lugar más seco (página 21, E9).

1am 2am 3am 4am 5am 6am 7am 8am 9am 10am 11am 12pm 1pm 2pm 3pm 4pm 5pm 6pm 7pm 8pm 9pm 10pm 11pm 12am

O

E

Londres

Nueva York

Tokio

¿Qué hora es?

En el mundo los relojes marcan en el mismo momento diferentes horas. Esto se debe a que el mundo está dividido en zonas horarias. El tiempo se mide desde Greenwich, en Londres, GB. Cuando cruzas una zona horaria en dirección este, debes adelantar el reloj una hora; si la cruzas en dirección oeste, debes atrasarlo una hora

Las letras am significan antes meridiano, es decir las horas comprendidas entre medianoche y mediodía. Las letras pm significan pasado meridiano, es decir las horas comprendidas entre mediodía y medianoche.

Si son las 12 pm en Londres, ¿qué hora es en Nueva York y en Tokio?

Mar y tierra

Imagina el mundo como si fuera un pastel. La mayor parte sería de océanos y mares y sólo una pequeña porción sería de tierra. En ese pedazo tendrías desiertos, selvas, montañas, hielos y praderas. Menos de la mitad del trozo correspondería a lugares habitados y tierras cultivadas. En este atlas encontrarás la selva más grande en la página 20, coordenadas H5, y el desierto más grande en la página 30, coordenadas E5.

¿Cuáles son los tres ríos más largos?

El río Nilo, en el norte de África, mide 6,671 km de largo. Recorrerlo a pie de un extremo a otro te tomaría más de 4 meses.

El río Amazonas, en Sudamérica, mide 6,437 km de longitud. Tendrías que correr durante más de 2 meses para recorrerlo.

El río Yangtsé, en China, mide 6,300 km de largo. Tardarías más de un mes en recorrerlo de principio a fin en bicicleta.

Índice toponímico

Este índice contiene todos los nombres de los lugares que aparecen en este atlas. El número de página te indica qué mapa debes consultar y las coordenadas te dicen dónde se localiza en el mapa. En la página 9 encontrarás una explicación sobre cómo se emplean las coordenadas.

Abidján p30 D10
Abu Dhabi p29 J11
Abuja p30 G9
Acapulco p18 E9
Accra p30 E10
Aconcagua, Monte p21 F12
Adamán, Islas p11, p35 M13
Addis Abeba p31 N9
Adelaida p40 I9
Aden p29 F15
Afganistán p11, p34 A7
África p4, p30-33, p43
Ahaggar, Montes p30 F5
Ahmedabad p35 E10
Al Basrah p28 G9
Al Rub al Khali *ver* Barrio Vacío, El
Alabama p17 M7
Alaska p10, p12 D4, p16 C3
Alaska, Golfo de p16 C6
Albania p11, p25 M7
Alberta p14 G8
Alejandría p31 L4
Alemania p11, p22 G10
Alice Springs p40 G5
Alma-Ata p26 G10
Alpes p22 H13, p24 H5
Alpes Escandinavos p23 J3
Alpes Neozelandeses p41 N12
Altai, Montes p36 F3
Altay, Montes p27 J9
Amarillo, Mar p37 M7
Amarillo, Río p37 K7
Amazonas, Río p20 F5, p43

América Central p18-19
Ammán p28 D8
Amsterdam p22 G10
Amu Darya, Río p26 E11
Amur, Río p27 O8
Anchorage p16 C4
Andes, Cordillera de los p21 F9
Andorra p10, p24 F6
Angola p10, p33 C11
Anguilla p10, p19 P8
Ankara p28 C5
Antananarivo p33 L12
Antártico, Círculo Polar p4, p7, p13 N11
Antártida p4, p10, p13, p42
Antigua p10, p19 P9
Apalaches, Montes p17 N6
Arabia Saudita p11, p29 F12
Arábigo, Desierto p29 F12
Arábigo, Mar p29 J14
Aral, Mar de p26 E9
Ararat, Monte p28 F5
Arcángel p26 F4
Ártico p7, p12
Ártico, Círculo Polar p4, p6, p7, p12 C11 y G6, p15 K6, p16 C3, p22 B2 y H3, p26 E2, p27 O2
Ártico, Océano p4, p10, p12 E9, p14 G1, p26 G2
Argel p30 F2
Argelia p10, p30 E4
Argentina p10, p21 G12
Arizona p16 G8
Arkansas p17 L7
Armenia p11, p26 C9
Ashjabad p26 D11
Asia p4, p28-29, p34-39
Asmera p31 N8
Asunción p21 H10
Atacama, Desierto p21 E9, p42
Atenas p25 O9
Atlántico, Océano p4, p10, p12 A10, p13 K5,

p15 P6, p17 P6, p19 N6, p21 I13, p22 A7, p24 B3, p30 C2, p33 A10
Atlas, Montes p30 E3
Auckland p41 P9
Austin p17 K9
Australia p4, p11, p40-41
Australia Meridional p40 G7
Australia Occidental p40 D8
Australiana, Territorio de la capital de p41 K9
Austria p11, p23 I12
Azerbaiján p11, p26 C9
Azores p10

Baffin, Bahía de p12 C8
Baffin, Tierra de p12 C7, p15 K4
Bagdad p28 F8
Bahamas p10, p19 L7
Bahrein p11, p29 H11
Baikal, Lago p27 L8
Baja California p18 A3
Baku p26 C9
Bali p39 I11
Báltico, Mar p23 K8
Baltimore p17 O5
Bamako p30 C8
Bandar Seri Begawan p38 H8
Bangalore p35 G14
Bangkok p38 D6
Bangladesh p11, p35 K10
Bangui p32 D6
Banjul p30 A8
Banks, Isla p14 G4
Barbados p10, p19 Q10
Barbuda p10, p19 P9
Barcelona p24 F7
Barrio Vacío, El p29 H13
Beijing (Pekín) p37 K6
Beirut p28 D7
Belfast p22 D8
Bélgica p10, p22 F10
Belgrado p25 M5
Belice p10, p18 H10

Belmopán p18 H9
Benin p10, p30 E9
Bergen p22 G6
Bering, Mar de p27 P2
Berlín p23 I10
Bermudas p10
Berna p22 G13
Bielorrusia p11, p26 C5
Bishkek p26 G10
Bissau p30 A8
Bogotá p20 C4
Bolivia p10, p20 F8
Bombay p35 E12
Borneo p38 H10
Bosnia-Herzegovina p11, p25 L5
Boston p17 P3
Botswana p10, p33 D13
Brahmaputra, Río p34 K8
Brasil p10, p20 H6
Brasilia p20 J7
Bratislava p23 J12
Bravo, Río p16 I8, p18 E4
Brazzaville p32 C8
Brisbane p41 L6
Brunei p11, p38 G8
Bruselas p22 F10
Bucarest p25 P5
Budapest p23 K13
Buenos Aires p21 H12
Bujumbura p32 F8
Bulgaria p11, p25 O6
Burdeos p22 D13
Burkina Faso p10, p30 E8
Burundi p11, p32 G8
Bután p11, p34 K8

Cabinda p10, p32 B8
Cabo de Buena Esperanza p33 D17
Cabo de Hornos p21 G17
Cabo Verde, Islas p10
Cairo, El p31 L4
Calcuta p35 K10
Cali p20 B5
California p16 E6, p42

Camboya p11, p38 D7
Camerún p10, p32 B6
Canadá p10, p12 C5,
 p14-15
Canarias, Islas p10,
 p30 B4
Canberra p41 K9
Cape Town p33 D16
Caracas p20 D3
Cardiff p22 D9
Caribe p19
Caribe, Mar p19 K10,
 p20 A2
Carolina, Islas p11
Carolina del Norte
 p17 O6
Carolina del Sur p17 O7
Casablanca p30 D2
Caspio, Mar p26 C9,
 p28 H3
Cayena p20 H3
Chad p10, p31 I8
Chad, Lago p30 H8
Chengdu p36 I9
Cherskiy, Montes p27 N4
Chicago p17 M5
Chile p10, p21 E13, p42
China p11, p36 G8, p43
China Meridional, Mar de
 la p37 M12, p38 E3
China Oriental, Mar de la
 p37 N8
Chipre p11, p28 C7
Chittagong p35 L10
Christchurch p41 O11
Ciudad del Vaticano p11,
 p25 J7, p42
Cleveland p17 N4
Cochin p35 F15
Colombia p10, p20 C5
Colombo p35 H16
Colorado p16 H5
Colorado, Río p16 F7
Columbia Británica
 p14 E10
Columbus p17 N5
Comoros p11, p33 K10
Conakry p30 B9
Congo p10, p32 C7
Connecticut p17 P3
Coober Pedy p40 H8
Copenhagen p22 I8
Coral, Mar de p41 K2

Córcega p11, p24 H7
Corea del Norte p11,
 p37 M4
Corea del Sur p11,
 p37 M6
Costa de Marfil p10,
 p30 C10
Costa Rica p10, p19 J13
Creta p11, p25 P11
Croacia p11, p25 L5
Cuba p10, p19 J8
Curazao p19 N11

Dakar p30 A7
Dakota del Norte p17 J3
Dakota del Sur p17 I4
Dalian p37 L6
Dallas p17 K8
Damasco p28 D8
Danubio, Río p23 I12,
 p25 O5
Dar es Salaam p32 J9
Darling, Río p41 K7
Darwin p40 G2
Delaware p17 P5
Delhi p34 F8
Denver p16 I5
Desierto de Lut p28 K8
Desierto de Safaha
 p29 E10
Detroit p17 N4
Dhaka p34 K9
Dinamarca p11, p22 H8
Djibouti (ciudad) p31 O9
Djibouti (país) p11,
 p31 N8
Dodoma p32 H8
Doha p29 I11
Dominica p10, p19 Q9
Don, Río p26 D7
Dubai p29 J11
Dublín p22 D8
Dubrovnik p25 M6
Dunedin p41 N13
Durban p33 G15
Dushanbe p26 F11

Ecuador p10, p20 B6
Ecuador (línea) p4, p6,
 p7, p20 I4, p31 P12,
 p32 M7, p35 M17,
 p39 N6
Edimburgo p22 E8
Edmonton p14 G9
Egipto p11, p31 K5
El Aaiún p30 C4
El Paso p16 H8
El Salvador p10, p18 H11
Elba, Río p22 H9
Elbrus, Monte p26 C8
Elbruz, Monte p28 G7

Ellesmere, Isla p12 C7,
 p15 K1
Emiratos Árabes
 Unidos p11, p29 I11
Erebus, Monte p13 N10
Erie, Lago p15 L13
Eritrea p11, p31 M7
Eslovakia p11, p23 K12
Eslovenia p11, p25 K5
España p10, p24 C8
Estados Unidos p10,
 p16-17, p42
Estambul p25 Q7,
 p28 B5
Este de Asia p36-37
Estocolmo p23 J7
Estonia p10, p23 M7
Etiopía p11, p31 M10,
 p42
Etna, Monte p25 K9
Éufrates, Río p28 E6
Europa p4, p22-26
Everest, Monte p34 J8,
 p36 D9, p42
Eyre, Lago p40 H8

Falkland, Islas ver
 Malvinas, Islas
Fiji p11, p41 P4
Filadelfia p17 P4
Filipinas p11, p38 H5
Finlandia p10, p23 L4
Flores p39 K11
Florida p17 O9
Fort Worth p17 K8
Francia p10, p22 E12,
 p24 E4
Frankfurt p22 H11
Freetown p30 B9
Fuji, Monte p37 P5
Fuzhou p37 M10

Gabón p10, p32 A7
Gaborone p33 F14
Galápagos, Islas p10,
 p21 A10
Gambia p10, p30 B8
Ganges, Río p35 H9
Génova p24 I5
Georgetown p20 F3
Georgia p11, p17 N7,
 p26 C8
Georgias del Sur,
 Islas p10
Ghana p10, p30 D9
Gibraltar p24 B9
Glittertinden, Monte
 p22 H5
Gobi, Desierto de
 p36 H4
Godavari, Río p35 G11

Godwin Austen, Monte
 p37 C7
Gotenburgo p22 I7
Gran Barrera de
 Arrecifes p41 K3
Gran Bretaña p10,
 p22 E8
Gran Cordillera
 Divisoria p41 J4
Gran Desierto Victoria
 p40 F8
Gran Lago de los
 Osos p14 G5
Gran Lago Salado p16 G5
Gran Lago de los
 Esclavos p14 G7
Granada p10, p19 Q11
Granadinas p10, p19
 Q10
Grandes Antillas p19 J8
Grecia p11, p25 N8
Groenlandia p10, p12 C9,
 p15 L1
Guadalupe p10, p19 Q9
Guam p11
Guangzhou p37 K11
Guatemala p10, p18 G10
Guatemala (ciudad) p18
 G10
Guinea p10, p30 B9
Guinea-Bissau p10,
 p30 A8
Guinea Ecuatorial p10,
 p32 A7
Guyana p10, p20 F3
Guyana Francesa p10,
 p20 H3

Habana, La p19 J8
Hainan p37 K13
Haití p10, p19 M9

45

Hanoi p38 D4
Harare p33 G12
Harbin p37 M3
Hawai p16 C11
Helmand, Río p34 B7
Helsinki p23 L6
Himalaya, Cordillera
 del p34 G7, p36 C8, p42
Hiroshima p37 O6
Ho Chi Minh, Ciudad
 p38 E7
Hobart p41 K12
Hokkaido p37 O3
Holanda p10, p22 G9
Honduras p10, p19 I10
Hong Kong p11, p37 L11
Honshu p37 P4
Houston p17 K9
Hudson, Bahía de
 p12 A7, p15 K8
Hungría p11, p23 K13
Hurón, Lago p15 L12
Hyderabad p35 G12

Ibiza p24 E9
Idaho p16 G4
Illinois p17 L5
India p11, p35 G10, p42
Indiana p17 M5
Indianapolis p17 M5
Índico, Océano p11, p13
 P6, p31 P12, p33 J9,
 p35 I14, p38 B7, p40 B6
Indo, Río p34 D8
Indonesia p11, p38 G10
Iowa p17 K5
Irák p11, p28 F7
Irán p11, p28 J8

Irian Jaya p11, p39 N7
Irkutsk p27 K9
Irlanda del Norte p22 D8
Irrawaddy, Río P38 B5
Irtysh, Río p26 H9
Isfahan p28 I8
Islandia p10, p12 C11,
 p22 B2
Islas del Pacífico p41
Islamabad p34 E6
Israel p11, p28 C8
Italia p11, p25 J6

Jacksonville p17 O8
Jakarta p38 G12
Jamaica p10, p19 K9
Japón p11, p37 O5
Japón, Mar de p37 O3
Jartúm p31 L8
Java p38 G12
Jerusalén p28 C8
Jiddah p29 D12
Johannesburgo p33 F14
Jordania p11, p28 D8

Kabul p34 D6
Kalahari, Desierto de
 p33 D13
Kaliningrado p23 K9,
 p26 C4
Kampala p32 H7
Kanpur p34 G9
Kansas p17 J6
Kansas (ciudad) p17 K6
Kara Kum, Desierto
 p26 D10
Karachi p35 C10
Karakorom, Montes
 p34 E5
Kasai, Río p32 C8
Katmandú p34 I8
Kavir, Desierto de
 p28 K7
Kazajastán p11, p26 E8
Kentucky p17 M6
Kenia p11, p32 I6
Kiev p26 C6
Kigali p32 G7
Kilimanjaro, Monte
 p32 H8
Kingston p19 L9
Kinshasa p32 C8
Kioto p37 O6
Kiribati p11
Kishinev p26 B6
Kolima, Montes de
 p27 O3
Kuala Lumpur p38 E9
Kuwait (ciudad) p29 H9
Kuwait (país) p11, p29 F9
Kyrgyzstán p11, p26 G11

Kyushu p37 O7

La Paz p20 E8
Lagos p30 F10
Lahore p34 E7
Laos p11, p38 C5
Lapland p23 K2
Latvia p10, p11, p23 K8
Lena, Río p27 L5
Lesotho p10, p33 F15
Líbano p11, p28 C8
Liberia p10, p30 B10
Libreville p32 A7
Libia p10, p30 H4
Liechtenstein p11,
 p22 H13
Lilongwe p33 H11
Lima p20 C8
Lisboa p24 A7
Lituania p11, p23 K8
Ljubljana p25 K4
Logan, Monte p14 D6
Loira, Río p22 D12,
 p24 F3
Lomé p30 E10
Londres p22 E10, p43
Los Ángeles p16 E7
Louisiana p17 L8
Luanda p33 B9
Lusaka p33 F11
Luxemburgo (ciudad)
 p22 G11
Luxemburgo (país) p22
 G11, p11
Luzón p38 G4
Lyon p24 G4

Macao p11
Macedonia p11, p25 N7
Mackenzie, Río p14 F5
Madagascar p11,
 p33 K12
Madeira, Islas p10,
 p30 B2
Madrás p35 H14
Madrid p24 C7
Magadan p27 O5
Maine p17 P2
Malabo p32 A6
Malasia p11, p38 E8
Malawi p11, p33 H11
Maldivas, Islas p11,
 p35 E17
Mali p10, p30 D6
Mallorca p24 E8
Malmö p23 I8
Malta p10, p25 K10
Maluku p39 K8
Malvinas, Islas p10,
 p21 I15
Managua p18 I11

Manila p38 H4
Manitoba p15 I9
Maputo p33 H14
Marianas, Islas p11
Marrakech p30 D3
Marruecos p10, p30 D3
Marsella p24 G6
Marshall, Islas p11
Martinica p10, p19 Q10
Maryland p17 P5
Maseru p33 F15
Mashad p28 L6
Massachusetts p17 P3
Mauricio p33 M13
Mauritania p10, p30 B6
Mayotte p11, p33 K10
Mbabane p33 G14
McKinley, Monte p16 C4
Meca, La p29 E12
Medina p29 E11
Mediterráneo, Mar
 p24 F9, p28 A7, p30 F1
Mekong, Río p38 D5
Melbourne p41 J10
Memphis p17 M7
Meseta de Abisinia
 p31 N10
México (país) p10,
 p18 D6
México (ciudad) p18 E8
México, Golfo de p17
 L10, p18 G6
Michigan p17 M4
Michigan, Lago p15 K13
Micronesia, Estados de
 p11
Medio Oriente
 ver Suroeste asiático
Milán p24 I5
Milwaukee p17 M4
Mindanao p39 J6
Minnesota p17 K2
Menorca p24 G8
Minsk p26 C5
Mississippi p17 M7
Mississippi, Río p17 L7
Missouri p17 L6
Missouri, Río p17 K5
Mogadishu p31 P11
Moldova p11, p26 B6
Mónaco p11, p24 H6,
 p42
Mongolia p11, p36 H4,
 p42

Monrovia p30 B10
Montana p16 H3
Montevideo p21 I12
Montreal p15 N12
Moscú p26 D5
Mozambique p11,
  p33 H13
Muerto, Mar p28 C8
Murmansk p26 F3
Murray, Río p41 I9
Muscat p29 L11
Myanmar p11, p38 A4

N'Djamena p30 H9
Nagasaki p37 O7
Nagpur p35 G11
Nairobi p32 I7
Namib, Desierto de
  p33 B12
Namibia p10, p33 C12
Nápoles p25 K8
Narmada, Río p35 E10
Nashville p17 M6
Nasser, Lago p31 L6
Nauru p11
Nebraska p17 I5
Negro, Mar p25 Q6,
  p26 B7, p28 D4
Nelson, Río p15 J9
Nepal p11, p34 H8, p42
Nevada p16 F6
Nevis p10, p19 P9
New Brunswick p15 O11
New Hampshire p17 P3
Newfoundland p15 P8
Niamey p30 E8
Nicaragua p10, p19 I11
Nicobar, Islas p11,
  p35 M15
Nicosia p28 C7
Níger p10, p30 G6
Níger, Río p30 F9
Nigeria p10, p30 G10
Nilo, Río p31 L7, p43
Nizhniy Novgorod p26 E6
Norte, Isla p41 O8
Norteamérica p4,
  p14-17

Norte, Mar del p22 F7
Norte de África p30-31
Norte de Europa p22-23
Noruega p10, p12 D12,
  p22 H7
Noruega, Mar de p23 J1
Nouakchott p30 A6
Nueva Escocia p15 P11
Nueva Caledonia p11,
  p41 N5
Nueva Gales del Sur
  p41 K8
Nueva Jersey p17 P4
Nueva Orleans p17 M8
Nueva York p17 O3,
  p17 P4, p43
Nueva Zelanda p11,
  p41 O12, p42
Nuevo Mexico p16 H7
Nyasa, Lago p33 H10

*O*b, Río p26 H6
Ohio p17 N5
Ohio, Río p17 M6
Ojotsk p27 O6
Ojotsk, Mar de p27 O6
Oklahoma p17 J7
Oklahoma (ciudad)
  p17 K7
Olimpo, Monte p25 N8
Omán p11, p29 K13
Omán, Golfo de p29 K11
Ontario p15 J10
Ontario, Lago p15 M12
Oporto p24 B6
Orán p30 E2
Orange, Río p33 C15
Oregon p16 E3
Orinoco, Río p20 D3
Oslo p22 I6
Ottawa p15 M12
Ouagadougou p30 E8

*P*acífico, Océano P p10,
  p11, p13 J7, p14 A8,
  p16 D11, p18 A7, p21
  B12, p27 P13, p37 P8,
  p39 L5 p41 P1
Palau p11
Palermo p25 K9
Panamá p10, p19 J13
Panamá (ciudad)
  p19 K12
Panamá, Canal de
  p19 K12
Papua Nueva Guinea
  p11, p39 O8
Paquistán p11, p34 C8
Paraguay p10, p21 G9
Paramaribo p20 G3
Paraná, Río p21 H11

París p22 F11, p24 G2
Parry, Islas p14 H3
Pennsylvania p17 N4
Pequeñas Antillas
  p19 O10
Pérsico, Golfo p29 H10
Perth p40 C9
Perú p10, p20 C7
Phnom Penh p38 E7
Phoenix p16 G7
Pirineos p24 D6
Po, Río p25 J5
Polo Norte p6, p12 E8
Polo Sur p6, p13 M8
Polonia p11, p23 K10
Pónticos, Montes
  p28 E5
Porto-Novo p30 E10
Portugal p10, p24 A6
Praga p23 I11
Pretoria p33 F14
Príncipe, Isla p10,
  p30 F12
Príncipe de Gales, Isla
  p15 I4
Príncipe Eduardo, Isla
  p15 P11
Puerto Moresby p39 P8
Puerto Príncipe p19 M9
Puerto Rico p10, p19 O9
Pyongyang p37 M5

*Q*atar p11, p29 I11
Qingdao p37 L6
Quebec p15 N9
Queensland p41 I5
Quetta p34 C8
Quito p20 B5

*R*abat p30 D2
Rangún p38 B6
Recife p20 M5
Reina Isabel, Islas p15 J2
Reino Unido *ver* Gran
  Bretaña
República Centroafricana
  p10, p32 C5
República Checa p11,
  p23 J11
República de Irlanda p10,
  p22 B8
República Dominicana
  p10, p19 M8
República Federal de
  Yugoslavia p11, p25 M5
República de
  Sudáfrica p10, p33 D14
Reunión p33 M13
Reykjavík p22 B3
Rhin, Río p22 G11
Rhode Island p17 P3

Riga p23 L8
Río de Janeiro p20 K9
Riukiu, Islas p11,
  p37 O8
Riyadh p29 G11
Rocallosas,
  Montañas p14 E6,
  p16 G3
Ródano, Río p22 F13,
  p24 G5
Rojo, Mar p29 C10,
  p31 M5
Roma p25 J7
Ronne, Glaciar de p13 L7
Ross, Glaciar de p13 M9
Ross, Mar de p13 M10
Rotorua p41 P9
Ruanda p11, p32 F7
Rumania p11, p25 N4
Rushmore, Monte p17 I4
Rusia p11, p12 H8,
  p26 G7, p27, p42

*S*ahara, Desierto de
  p30 E5
Sahara Occidental
  p10, p30 B5
Sakhalin, Isla p27 P7
Salomón, Islas p11, p41
  N2
Samoa Occidental
  p41 Q3
San Antonio p17 K9
San Cristóbal, Isla p10,
  p19 P9
San Diego p16 F7
San Francisco p16 E6

San Francisco, Río p20 K7
San José p16 E16
San José p19 J12
San Juan p19 O9
San Lorenzo, Golfo de p15 P10
San Lorenzo, Río p15 N11
San Luis p17 I6
San Marino p11, p25 J6
San Petesburgo p26 D4
San Salvador p18 H11
San Vicente p10, p19 Q10
Sana p29 F14
Santa Lucía p10, p19 Q10
Santiago p21 F12
Santo Domingo p19 N9
Santo Tomé p10, p30 F11
São Paulo p21 K9
Sapporo p37 P3
Sarajevo p25 M6
Sardinia p11, p24 H8
Saskatchewan p14 G9
Seattle p16 E2
Sena, Río p22 F12, p24 G3
Senegal p10, p30 A7
Seúl p37 N6
Serbia *ver* República Federal de Yugoslavia
Sevilla p24 B8
Seychelles p11, p32 L8
Shanghai p37 M8
Shenyang p37 M5
Shikoku p37 O6
Siberia p27 M7
Sicilia p11, p25 K9
Sidney p41 L8
Sierra Leona p10, p30 B9
Sierra Madre p18 C4
Singapur p11, p38 F9
Siria p11, p28 D7
Skopje p25 N7
Socotra p11, p29 J16
Sofia p25 N6

Somalia p11, p31 P9
Sri Lanka p11, p35 I15
Sudamérica p4, p9, p20-21, p43
Sudán p11, p31 K8
Suecia p10, p11, p12 D12, p23 J5
Suez, Canal p31 M4
Suiza p11, p22 G13
Sulawesi p39 J9
Sumatra p38 E10
Sumba p39 J11
Superior, Lago p15 K12
Sur, Isla p41 M11
Sur de África p32-33
Sur de Asia p34-35
Sur de Europa p24-25
Sureste de Asia p38-39
Suroeste de Asia p28-29
Surinam p10, p20 G3
Svalbard, Islas p12 E10
Swazilandia p11, p33 G14

*T*abriz p28 G6
Tailandia p11, p38 C5
Taipei p37 M10
Taiwán p11, p37 M10
Tajikistán p11, p26 G11
Tajo, Río p24 C7
Takla Makan, Desierto p36 D6
Tallinn p23 L6
Tanami, Desierto de p40 G5
Tangañica, Lago p32 G8
Tanzania p11, p33 H9
Tashkent p26 F10
Tasmania p11, p41 J11
Taurus, Montes p28 C6
Tbilisi p26 C8
Tegucigalpa p18 H11
Teherán p28 I7
Tel Aviv p28 C8
Tennessee p17 M7
Territorio del Norte p14 G6
Texas p17 J9
Thar, Desierto p34 D8
Thimpu p34 K8
Tianjin p37 K6
Tíbet p36 E7
Tien Shan, Montes p36 D4
Tierra del Fuego p21 H16
Tigris, Río p28 F7
Timor p39 K11
Tirana p25 M7
Titicaca, Lago p20 D8
Tobago p10, p19 Q11
Togo p10, p30 E9
Tokio p37 P5, p43
Tonga p41 Q5

Toronto p15 M12
Trinidad p10, p19 Q11
Trípoli p30 H3
Trondheim p22 I4
Trópico de Cáncer p6, p7, p17 L11, p19 N7, p29 A11, p30 A5, p32 I1, p35 A10, p37 Q9, p38 D3
Trópico de Capricornio p6, p7, p21 D10, p33 A13, p39 Q13, p40 B6
Túnez (ciudad) p30 H2
Túnez (país) p10, p30 G3
Turín p24 H5
Turkmenistán p11, p26 E11
Turquía p11, p25 P7, p28 D5
Tuvalu p11, p41 P3

*U*crania p11, p26 C6
Uganda p11, p32 G6
Ulan Bator p36 I3
Urales, Montes p26 F7
Uruguay p10, p21 I11
Utah p16 G6
Uzbekistán p11, p26 E10

*V*ancouver p14 E10
Vanuatu p11, p41 N3
Varsovia p23 K10
Venecia p25 J5
Venezuela p10, p20 D3, p42
Verkhoyausk, Montes p27 M5
Vermont p17 P3
Vesuvio, Monte p25 K8
Victoria p41 J10
Victoria, Isla p12 C6, p14 H5
Victoria, Lago p32 H7
Viena p23 J12
Vientiane p38 D5
Vietnam p11, p38 E5
Vilnius p23 L9
Vinhdaya, Montes p35 F10
Vírgenes, Islas p10, p19 P9
Virginia p17 O5
Virginia del Oeste p17 O5
Vishakhapatnam p35 I12
Vizcaya, Golfo de p22 C12
Vladivostok p27 O10
Volga, Río p26 D7
Volgograd p26 D7
Volta, Lago p30 E10

*W*ashington p16 E2
Washington DC p17 O5
Weddell, Mar de p13 K6
Wellington p41 P10
Windhoek p33 C13
Winnipeg p15 J11
Wisconsin p17 L4
Wyoming p16 H4

*X*ian p37 J8

*Y*ablonovi, Montes p27 I8
Yangtsé, Río p37 I9, p43
Yaoundé p32 B6
Yemen p11, p29 H14
Yenisey, Río p27 J6
Yerevan p26 C9
Yukón, Río p14 E5, p16 C3
Yukón, Territorio p14 E5

*Z*agreb p25 L4
Zagros, Montes p28 H7
Zaire p10, p32 E8
Zaire, Río p32 E7
Zambezi, Río p33 E11
Zambia p10, p33 E11
Zanzíbar, Isla p32 J8
Zimbabwe p11, p33 F12